ICH HABE ÜBERLEBT

BUSFAHRT OHNE WIEDERKEHR

2015 · Dritte Auflage

Design & Layout: Athesia-Tappeiner Verlag

ISBN 978-88-6839-044-0

www.athesiabuch.it
buchverlag@athesia.it

ICH HABE ÜBERLEBT

BUSFAHRT OHNE WIEDERKEHR

Aaron Rabensteiner
Artur Schmitt

ATHESIA VERLAG

INHALTSVERZEICHNIS

EINLEITUNG

Mein Name ist Aaron Rabensteiner, ich bin 26 Jahre alt und komme aus Villanders/Südtirol. Der Inhalt des Buches, das Sie gerade in Ihrer Hand halten, stellt einen wichtigen Abschnitt meines Lebens dar. Innerhalb des Zeitraumes vom *10. Februar 2009* bis zum *10. Oktober 2012* konnte ein persönlicher Kreis, der mein Leben auf vielseitige Weise verändert hat, geschlossen werden.

Über die „letzte Busfahrt" in den peruanischen Anden, die für meine Freunde Helmut, Esther und Barbara tödlich endete, und von meiner Rückkehr nach Südamerika erzähle ich in diesem Buch. Die ebenfalls thematisierte Zeit dazwischen stellt einen intensiven, von Leid und Trauer sowie Hoffnung und Mut gekennzeichneten Abschnitt dar, der, im Nachhinein betrachtet, mein Leben auch bereichert hat. Dass einem während der Suche nach verborgenem Sinn auf wundersame Weise neue Türen geöffnet werden, spiegelt sich in meinem Weg wider. So kommt es beispielsweise nicht von ungefähr, dass ich das Buch zusammen mit dem Neustifter Chorherrn Artur Schmitt geschrieben habe.

Der ursprünglich angedachte Titel des Buches „Auf den Flügeln des Lebens" erklärt für mich besonders eindrucksvoll die Lebenssituationen, in denen wir alle stecken. Wie ein Andenkondor, der sich in der Nähe von Felsvorsprüngen immer wieder von Neuem dem Abenteuer in berauschenden Höhen stellt, haben wir alle imaginäre Flügel, die uns durch das Leben tragen.
Der Kondor kann sich auf die Thermik der Luft verlassen, wir auf die Liebe unserer Mitmenschen. Diese Liebe, diese zentrale Kraftquelle, sorgte dafür, dass ich die Stärke besessen habe, die für das Verfassen dieses Buches notwendig war.
Ich nenne und erwähne viele betroffene Personen, Freunde, Angehörige, Bekannte in meiner Erzählung. Das bedeutet

für mich, ihnen gegenüber meine aufrichtige Dankbarkeit auszudrücken. In erster Linie jedoch ist mein Buch Barbara, Helmut und Esther gewidmet. Außerdem kommen die Einnahmen aus dem Verkauf einem Sozialprojekt in Quito/Ecuador zugute.

Aaron Rabensteiner

DER TAG, DER ALLES VERÄNDERTE

Peru, 10.02.2009

Ich öffne meine Augen, versuche mein Bewusstsein zu kontrollieren und mich zu konzentrieren.
Der gegenwärtige Moment erscheint mir so seltsam, dass ich verwirrt in alle Richtungen blicke. Ich muss mich in einem Transportwagen befinden, der sich nicht fortbewegt. Mein Kreislauf wirkt ruhig, mein Kopf ist leer, doch diese unbekannte Situation muss ich erst einmal verstehen. Wahrscheinlich bin ich vom Geschrei geweckt worden, das eine Frau, die neben mir liegt, vor lauter Schmerzen verbreitet. Ich blicke in ihre Augen und erlebe dabei, wie qualvoll sich dieser Moment für sie anfühlen muss. Meine rechte Hand ertastet die Liegevorrichtung, auf der ich soeben erwacht bin. Ich nehme wahr, wie eine weiße Decke meine Beine wärmt.
Ich schließe meine Augen. Aber auch das Schließen der Augen erzeugt keine Klarheit in meinem Kopf. Die Hintertür des Wagens steht weit offen und ich erkenne eine Person, die gerade auf mich zukommt. Spontan bewege ich meine Finger in Richtung des Kopfes, um zu fühlen, ob ich verletzt bin. Eine Binde bedeckt mein Gesicht und Blut klebt an meinen Händen.
Mittlerweile steht ein Mann vor der Wagentür und beginnt mit mir zu reden. Es gelingt mir kaum, seine Worte zu verstehen. Ich schaffe es, ihm verständlich zu machen, dass ich ein Mobiltelefon benötige. Warum mir genau dieser Gedanke in den Kopf kommt, bleibt mir unklar.
Als er sich wieder auf den Weg macht, beginnt mein Gehirn den kurzen Dialog in seine Einzelteile zu zerlegen. Der Mann hat spanisch gesprochen und mir gesagt, dass ich mich auf dem Gelände eines Krankenhauses befinde. Ich habe in derselben Sprache geantwortet. Spanisch zu sprechen ist mir irgendwie vertraut. Der Gedanke an den Mann

und das Spanische erwecken in mir Einblicke in die jüngere Vergangenheit.
Explosionsartig springt das vertraute Bild von Barbara, Helmut und Esther auf meine Gedankenleinwand. Warum bin ich nicht bei ihnen? Diese Frage holt mich aus meiner bisherigen geistigen Abwesenheit und ich spüre augenblicklich eine große Aufregung in mir. Mein Herz nimmt schlagartig die Verbindung zu Barbara auf. Barbara – ich habe in den letzten Jahren eine sehr enge, innige Beziehung zu ihr aufgebaut …
Das erneute Erscheinen dieses fremden Mannes von vorhin, sein äußeres Erscheinungsbild und die spanische Sprache signalisieren mir, dass er Bewohner eines Andenlandes ist. Plötzlich begreife ich – ich bin in Peru.

Der fremde Mann drückt mir ein Handy in die Hand, das ich dankend annehme. Noch immer bin ich mir nicht sicher, wen ich damit eigentlich anrufen soll. Mein Gehirn sucht ergebnislos nach gespeicherten Zahlenfolgen … dann tippe ich die mir einzig bekannte Nummer ins Handy – die Telefonnummer meines Elternhauses. Nachdem ich die grüne Taste zum Bestätigen gedrückt habe, klingelt es. Dann höre ich am anderen Ende der Leitung die Stimme meiner Mutter. Als sie meine Stimme vernimmt, die Stimme ihres Sohnes, versteht sie augenblicklich, dass etwas nicht in Ordnung ist. Ihre Stimme zu hören gibt mir Sicherheit! Oft schon hat mich meine Mutter durch ihre tatkräftige, spontane Art unterstützt und aufgerichtet.
„Was ist passiert?“, fragt sie.

Es fällt mir schwer, zusammenhängende Worte von mir zu geben. Zum Teil liegt dies auch am Kopfverband, der mir bis zum Mund reicht.
„Gib mir … ich brauche die Handynummer von Helmut, nein … und von Esther … alle beide. Sie sind nicht bei mir“, bringe ich stockend über meine Lippen.
Diese Aussage erschreckt meine Mutter:
„Wie geht es dir? Was ist passiert?“

Wieder versuche ich mit aller Kraft den Mund zu öffnen: *„Ich bin verletzt und bin im Krankenhaus ... Ich werde mich wieder melden, tschüss."*
Unmittelbar nach dem Drücken der roten Taste erblicke ich einen weiteren Mann vor der Wagentür.
„*Como te llamas* – Wie heißt du?", fragt er mit lauter Stimme.
„Aaron."
„*Vienes de Puno* – Kommst du von Puno?"
Ich denke nach. Viele Gedanken schwirren in meinem Kopf herum: Puno ist eine Stadt am Titicaca-See. Doch die war nie unser Ziel, die wollten wir nicht erreichen. Als ich vorhin verstanden habe, dass ich in Peru bin, hat mir mein Gehirn Bilder des Ortes unseres letzten Aufenthalts gezeigt:
„Nein, wir wollten von Arequipa nach Cusco und anschließend wieder zurück."
Unser Reiseziel Cusco ist mir schlagartig in den Sinn gekommen. Auf der Suche nach Hinweisen, die mir Klarheit verschaffen könnten, suche ich angestrengt nach weiteren Anhaltspunkten.
„*Hast du schon mit einem Mitarbeiter der Botschaft gesprochen?*", möchte der Mann noch wissen.
Den Zusammenhang dieser Frage verstehe ich nicht:
„*Nein*", antworte ich.
Dann verschwindet er.
Nach dem erneuten Schließen der Augen, möchte ich nichts weiter, als meinen körperlichen Zustand begreifen. Mein Drang, die Beine zu bewegen, kann kaum befriedigt werden. Nicht Bewegungen, sondern nur starke Zuckungen der Füße sind die Ergebnisse meiner Bemühungen. Zwar gelingt es mir, das linke Bein einige Zentimeter nach außen zu drehen, doch das rechte Bein scheint wie einbetoniert. Diese körperliche Trägheit wird von einer psychischen Starre verstärkt; ich stehe unter Schock. Und ich schließe meine Augen, weil mir dies der einzige Ausweg aus meiner unbegreiflichen Lage scheint.

Das nächste Mal erwache ich in einer großen Halle. In meinem Kopf formen sich nun deutlichere Bilder und ich kann wieder einen klareren Gedanken fassen. „Ich bin in Peru! Doch ich kann nicht alleine hier sein! Zusammen mit Barbara bin ich nach Südamerika aufgebrochen." Das Bild des Strandes von Montañita, an dem wir Silvester gefeiert haben, erscheint klar vor meinen Augen. Scherben der Erinnerung.

Was ist aber vor und nach dem Start ins neue Jahr 2009 geschehen? Wenn wir damals in Ecuador waren, dann müssen wir einige Wochen später die Grenze nach Peru passiert haben. Mit einem Male taucht das Lächeln ecuadorianischer Kinder in meiner wiedergewonnenen Erinnerung auf. Ich sehe die Kinder des Sozialprojektes „Para dar Esperanza" in Quito spielen. Barbara und ich müssen dort von Oktober bis kurz vor Silvester gearbeitet haben. An die Hauptstadt Ecuadors mit der kolonialen Altstadt, dem Ausgeh-Viertel „La Mariscal" und unserer Unterkunft „La Vida Verde" kann ich mich bestens erinnern.

Allmählich finde ich Gefallen daran, die Einzelteile des Flickenteppiches, die in meinem Kopf zerstreut sind wie Puzzleteile, zusammenzusetzen. Die Hoffnung, mit Hilfe dieser Denkarbeit irgendwann zu Helmut, Esther und Barbara zu gelangen, mindert zwischenzeitlich meine starke Sehnsucht nach ihnen.

Während ich mich abermals zwinge meine Gedanken zu sammeln, nähert sich eine Krankenschwester und spricht mich an:

„Kannst du mich deutlich sehen und hören?"

Wie des Öfteren in Peru erlebt, hält mich die Dame für einen „Gringo", das heißt für einen Ausländer, der die Landessprache nicht beherrscht. Überzeugt antworte ich ihr auf Spanisch:

„Si señora, ich verstehe Sie!"

Während sie das Blut von meinem Gesicht und meinen Händen wäscht, denke ich darüber nach, wo sich Barbara,

Esther und Helmut gerade aufhalten. Plötzlich kommt es wie aus einer Pistole geschossen:
„Wo sind meine Freunde?“
Leider kann mir die Krankenschwester keine hilfreiche Antwort geben. Sie erklärt mir:
„Du befindest dich in einer Klinik in Arequipa. Es hat einen Busunfall gegeben.“
Im nächsten Moment möchte ich die Liege verlassen. Ich möchte aufstehen, meine Freunde suchen und weiterreisen. Nichts ergibt mehr einen Sinn.
Wir wollten zur ehemaligen Hauptstadt des Inkareiches Cusco und von da zur Ruinenstadt Machu Picchu. Warum bin ich in Arequipa? Alles scheint so kompliziert. Ich muss verletzt worden sein, als ich alleine mit dem Bus weggefahren bin! Barbara, ihrer Schwester Esther und Helmut geht es gut. Vermutlich sind sie schon in Cusco angekommen. Busunfall!? Warum kann ich mich nicht daran erinnern? Verzweifelt warte ich auf irgendwelche Zeichen oder neue Meldungen.
Ich teile diese Halle mit mehreren anderen Verletzten. Offensichtlich reden die Schwestern über mich mit einem jungen Mann. Im Moment, als die drei zu mir blicken, macht er sich auf den Weg, um sich mir vorzustellen:
„Ich heiße Jose, bin 22 Jahre alt, komme aus Amerika und absolviere gerade ein Praktikum in diesem Krankenhaus.“
Nach einer kurzen Pause fügt er hinzu:
„Ich mache mir Sorgen, da hier das Gerücht die Runde macht ... du wärst nach dem Busunfall auf der Suche nach deinen Freunden.“
Wer soll das wissen? Kennt mich hier jemand? Jose möchte womöglich eine Antwort:
„Das stimmt!“, sage ich
Von diesem Zeitpunkt an weicht er nicht mehr von meiner Seite. Als Jose bemerkt, wie sehr ich mich nach meinen Freunden sehne, fordert er mich auf, von gemeinsamen Erlebnissen zu erzählen. Ich zögere nur kurz:

„Meine Freundin Barbara und ich sind nach Ecuador gereist, um dort in einem Sozialprojekt für Kinder zu arbeiten. Nach dieser Tätigkeit sind wir über die Grenze nach Peru gefahren und haben nach vielen Zwischenstopps die Hauptstadt Lima erreicht. Anfang des Monats ... Welchen Monat haben wir gerade? ... Dann sind Esther, die Schwester meiner Freundin Barbara, und ihr Freund Helmut dazugekommen. Seitdem sind wir zu viert unterwegs. Wir wollen noch weiterreisen."
Jose sieht mich besorgniserregend an:
„Ruh' dich aus."
Dann schlafe ich ein. Als ich wieder erwache, sind das Erste, was ich höre, seine Worte:
„Möchtest du mein Mobiltelefon benutzen?", fragt er.
Da mir klar ist, dass Helmut und Esther ihre Handys dabeihaben, nehme ich sein Angebot gerne an. Barbara und ich haben unsere Handys in Quito zurückgelassen. Am Ende unserer Rundreise werden wir sie dort wieder abholen. Die einzigen Wertsachen, die ich ständig bei mir habe, sind in der Umhängetasche unter meinem T-Shirt versteckt. Ich öffne den Reisverschluss und kontrolliere, ob nichts fehlt. Es befinden sich mehr als 200 peruanische Soles in der Tasche, meine Bankomatkarte, ein USB-Stick mit Fotos unserer gemeinsamen Tage und der Reisepass. Neben diesen Sachen liegt auch mein Schlafsack direkt neben meinem Bett. Schuhe besitze ich anscheinend keine mehr. Womöglich habe ich sie während der Busfahrt ausgezogen, um mich in den Schlafsack zu legen.
Jose leiht mir sein Handy und ich beschließe Barbaras Eltern in Villanders anzurufen. Ich muss mich einige Sekunden konzentrieren, bis mir die Nummer wieder einfällt. Kurz denke ich daran, wie ich in meiner Innsbrucker Wohnung versucht habe Barbara zu Hause anzurufen. Nun fällt mir auch die Nummer wieder ein.
Auf dem Display erkenne ich das heutige Datum: Es ist Dienstag, der 10. Februar 2009.

Das Telefon klingelt und Marianna, Barbaras Mutter, nimmt den Hörer ab.
„*Baumgartner*", sagt sie deutlich.
„*Hallo, hier ist Aaron! Weißt du … wo Barbara, Helmut und Esther sind?*"
Marianna versucht die Situation zu verstehen:
„*Deine Mutter hat mir mitgeteilt, dass du im Krankenhaus liegst. Wie geht's dir?*", fragt sie.
„*Meine Mutter? … Ich denke, Barbara, Helmut und Esther sind schon weitergereist. Ich brauche … sie nur anzurufen. Kannst du mir ihre Nummer geben?*", erwidere ich.
„*Warte! Ich werde sie dir ansagen. Wie geht's dir Aaron?*"
„*Es geht. Habe Verletzungen im Gesicht und am Bein, dem rechten … die anderen werden sicher bald hierherkommen.*"
„*340 379 08 17 und 349 885 49 20 sind die Nummern von Helmut und Esther*", sagt Marianna.
„*Kannst du die Nummern wiederholen, damit sie Jose aufschreiben kann?*", antworte ich.
„*Wer ist …? Aaron, bist du auch erreichbar?*"
Jose schreibt seine Nummer auf einen Zettel, die ich Marianna schließlich mitteile:
„*… tschüss Marianna*", murmle ich.
Nach diesem Gespräch versuche ich immer wieder Helmut und Esther zu erreichen. Ihre Handys sind ausgeschaltet! Ich tröste mich mit dem Gedanken, dass sie keinen Empfang haben. Barbara und ich haben während der gesamten Zeit in Ecuador unsere Handys nicht nutzen können. Auch deshalb haben wir sie nicht mit nach Peru genommen.
Ich bitte Jose die beiden Nummern zwischenzeitlich zu speichern, damit ich den Anruf jederzeit wiederholen kann. Verbunden mit der einbrechenden Dämmerung breitet sich in mir eine tiefe Dunkelheit aus, die laufend neue Formen annimmt. Zwischen dem hoffnungserfüllten Abwarten, dem verzweifelnden Nachdenken und dem Annehmen der Situation liegen oft nur Sekunden.

Seit meinem ersten Erwachen sind schon mehrere Stunden vergangen und noch immer keine Nachricht von meinen Freunden. Es ist die Angst vor der ersten Nacht ohne Barbara! Wird sie mich heute nur in den Träumen besuchen? Jose beobachtet meine emotionalen Regungen lange; es scheint, als stoße er selbst an die Grenze der Belastbarkeit. Dann sagt er zu mir:
„Das Hospital heißt Honorio Delgado und du bekommst bald ein eigenes Zimmer."
Damit durchbricht er die vorangegangene Stille. Etwas scheint ihn sehr bewegt zu haben. Unerwartet verlässt er den Platz neben mir.
Jose kommt mit einem Rollstuhl zurück. Er hilft mir in den Rollstuhl. Bevor ich in ein eigenes Zimmer verlegt werde, muss die Schnittwunde oberhalb meines linken Auges genäht werden. Der junge Amerikaner fährt mich in den Behandlungsraum und wartet vor der Tür auf mich. Bereits im Laufe des Nachmittags hat ein Arzt mit Hilfe einer Spritze die Betäubung für den Eingriff injiziert. Insgesamt acht Stiche sind für das Verschließen der Wunde notwendig.
Unmittelbar nach dem Nähen bringt mich Jose über einen langen Gang in einen Raum. Das Zimmer ist mit einem Bett, Esstisch, Waschbecken und zwei Stühlen sehr einfach eingerichtet. Eine Krankenschwester begleitet uns dorthin. Sie versucht die gegenwärtige Situation durch ihre belustigende Art aufzulockern. Auf mich wirkt ihre Art allerdings nicht sehr einladend und etwas hilflos. Nur mit großer Mühe kann sie mich vom Rollstuhl auf das Bett heben. Als ich Jose sorgenerfüllt in die Augen blicke, fühlt er sich nahezu gezwungen mir das Angebot zu machen, diese Nacht an meiner Seite zu verbringen. Kaum eine Stunde später schlafe ich ein.

Das Erwachen am nächsten Morgen ist mit großen Schmerzen in meinem rechten Knie verbunden. Sofort meldet mein Gehirn, dass es bereit für einen Neustart ist. Meine Gedanken wirbeln wieder umher: Barbara, Esther und

Helmut sind am gesamten gestrigen Tag nicht erschienen. Ich kann sie auch nicht übers Handy erreichen. Daheim weiß niemand über ihren momentanen Standort Bescheid. Da ich offenbar in einen Busunfall verwickelt worden bin, an den ich mich nicht erinnern kann, liege ich hier im Krankenhaus.
Erst jetzt bemerke ich, dass Jose nicht mehr neben meinem Bett auf dem Boden liegt. Hilflos wie ein Käfer, der auf den Rücken gefallen ist, rufe ich nach Barbara. Nach Wiedergabe der Buchstaben BARBARA merke ich, wie kraftlos meine Stimme geworden ist. Würde sich eine Person im Eingangsbereich des Zimmers versteckt halten, sie hätte meinen erbärmlichen Hilferuf mit Sicherheit nicht gehört. Noch immer liege ich auf dem Bett und mir schießen schon wieder tausend Gedanken durch den Kopf. Ich denke an die Ankunft von Helmut und Esther. Meine Erinnerung gibt diesen Moment nur sehr verwischt wieder. Es muss in Lima gewesen sein. Dort haben Barbara und ich sehnsüchtig auf das Eintreffen der beiden gewartet.
Meiner Freundin Barbara und mir kam die Zeitspanne, die wir in dieser Metropole verbringen mussten, extrem lang vor. Die historische Innenstadt und das moderne Stadtviertel „Miraflores" sind einen Abstecher wert, doch viel mehr hat Lima nicht zu bieten. Mit Glück ergatterten wir ein Zimmer in einem Hotel unmittelbar im historischen Zentrum. Dort an der „Plaza de Armas" stehen wirklich imposante Bauwerke. Wir begannen Arm- und Halsbändchen zu knüpfen, was wir von einem Peruaner an der Küste gelernt hatten. Außerdem gingen wir zwei Mal ins Kino und schauten von einem nahe gelegenen Hügel auf die Elendsviertel der Stadt hinab.
Die Gegensätze zwischen dem zuvor erlebten Urwaldausflug entlang des „Rìo Ucayali" und dem absoluten Zentrum Perus, der Hauptstadt Lima, hätten nicht ausgeprägter sein können.
Barbara konnte die Ankunft ihrer Schwester Esther kaum erwarten. Ich freute mich insbesondere auf Helmut, die Mitbringsel und die Erzählungen von zuhause.

Ich erinnere mich, dass meine Freundin und ich von Pucallpa aus, einer Stadt am Ufer des Amazonasquellflusses, auf einem motorbetriebenen Boot insgesamt vier Tage durch die reine Natur fuhren, um wilde Tiere zu beobachten. Am Ende des Ausfluges standen Süßwasserdelphine, Affen, Alligatoren, Faultiere und Piranhas auf der Liste unseres persönlichen Freiwilderlebnisses.

Ich bemerke, dass sich, je stärker ich mich an detaillierten Bildern festhalte, neue Verknüpfungen desto leichter öffnen. Plötzlich vernehme ich ein lautes Geräusch, das direkt aus meiner Gedankenwelt zu kommen scheint. Es ist der Start eines Flugzeuges. Mir fällt ein, weshalb wir in Lima eine ganze Woche auf Helmut und Esther gewartet haben. Das hängt mit der Tatsache zusammen, dass Barbara und ich von Pucallpa dorthin geflogen sind. Wir wollten uns die anstrengende und abenteuerliche Busfahrt quer über die Cordillera der Anden nicht noch einmal antun. Uns war die Überfahrt zu gefährlich, da wir bereits Zeugen eines Felssturzes und von weiteren kleineren Unfällen geworden waren. Außerdem sind wir oft nah an einem Abgrund vorbeigefahren, der nicht selten in einer tiefen Schlucht endete.

Ein Quietschen der Zimmertür unterbricht das Zurückkehren meiner Erinnerungen jäh. Kurz darauf tritt ein älterer Herr zögernd in den Raum herein.
„Buenas dias señor!“
„Buenas dias!“
„Ich heiße Giulio, Giulio Spina.“
Giulio ist ein älterer Herr, trägt einen weißen Schnauzer und eine Brille. Er arbeitet im italienischen Konsulat, wie er mir mitteilt, und er wurde mit dem Auftrag zu mir geschickt, sich meiner anzunehmen.
Ich liege regungslos auf dem Bett, sehe den Mann mit großen Augen an. Giulio als Vermittler zwischen Barbara, Helmut, Esther und mir? Wie aus der Pistole geschossen stelle ich die Frage:

„Können Sie mir irgendetwas über meine Freunde sagen?"
Darauf erwidert er: *„Ich weiß nicht, wo deine Freunde sind, aber später werde ich es herausfinden."*
All meine Hoffnungen werden mit einem Schlag begraben. Wenn nicht einmal das italienische Konsulat eine Information über den Aufenthaltsort von Barbara, Esther und Helmut hat, dann möchte ich in Ruhe gelassen werden. Giulio bemerkt, wie ich langsam unter der Bettdecke verschwinde und ihm den Rücken zuwende. Beim Hinausgehen verspricht er mir:
„Ich werde mein Bestes geben und noch heute mit sicheren Informationen zurückkehren."
Im Nachhinein sehe ich jede Kommunikation auch als Möglichkeit, der unerträglichen Einsamkeit zu entgehen, die an mir nagt. Meine überstürzte Reaktion Giulio gegenüber war dumm.

Wo ist Jose? Wahrscheinlich muss er den Tag über arbeiten und kann mich erst am Abend besuchen.
Die nächste Person, die ich erblicke, ist eine Schwester, die mir Frühstück ins Zimmer bringt. Wie gewohnt stellt sie das Tablett mit einem aufgesetzten Lächeln auf den rollenden Tisch und schiebt diesen ans Bett. Als sie mich dennoch nachdenklich ansieht, erahne ich: Meine Geschichte wird überall herumgesprochen. Aber welche Geschichte mag das sein? Die junge Dame verlässt verlegen das Zimmer.

Beim Betrachten des Frühstückstellers weiß ich bereits, dass ich keinen Bissen hinunterbekomme. Lediglich ein wenig Tee, der der Trockenheit meines Halses entgegenwirken soll, gieße ich aus der Thermoskanne in den danebenstehenden Becher. Langsam schlucke ich das heiße Getränk hinunter und spüre dabei, wie schwer sich mein Kopf anfühlt.
Giulio wird mich heute noch besuchen kommen, hat er beim Hinausgehen erwähnt. Was wird er mir dann berichten? Kann er vielleicht Helmut, Barbara oder Esther

erreichen? Besteht für ihn die Möglichkeit, auch in Cusco verschiedene Hotels nach neu angekommenen Besuchern abzufragen? Viele Varianten, die mir einen Anhaltspunkt darüber geben könnten, weshalb ich ohne jeglichen Kontakt zu meinen Freunden, verbannt in diesen Raum, bleiben muss, durchdringen meinen Kopf. Gefühlslose Starre verwandelt sich in einen Zustand des Zorns, den ich hier nicht abbauen kann. Am liebsten würde ich den Rest meines Frühstücks mit voller Wucht gegen die Mauer werfen. Nur mit größter Anstrengung und massiver Selbstkontrolle kann ich eine unüberlegte Aktion verhindern.
Ich bin fast erfreut, als die strahlende Krankenschwester abermals mein Zimmer betritt. Sie räumt das Tablett weg und versucht zu meinem Erstaunen ein Gespräch aufzubauen:
„Wie geht's dir?"
„Hm ... ich weiß nicht – würde gerne wissen, wo meine Freunde bleiben."
Mittlerweile brauche ich aus meiner Angst kein Geheimnis mehr zu machen. Es könnte sogar von Vorteil sein, wenn sich viele Leute auf die Suche nach ihnen machen.
„Wie heißt du?"
„Aaron."
Ich kann mir vorstellen, wie sehr ihre Gedanken nur um ein Thema kreisen, nämlich, welche aufbauenden Worte sie beim Verlassen des Raumes zu mir sagen könnte. Sie öffnet den Mund, verstummt noch vor dem ersten Versuch und verlässt den Raum.

Um die Mittagszeit kommt Jose zu mir. Ein Gefühl des Vertrauens kommt in mir auf, sobald er mir von seiner Arbeit berichtet. Nur zu gut kann ich mir vorstellen, wie schwierig die Situation für den Neuankömmling hier im Krankenhaus ist. Mit vollster Hingabe kommt der junge Amerikaner den vielen Patienten entgegen und versucht dabei sein erlerntes Wissen einzusetzen. Auch für mich ist Jose eine wichtige Stütze. Während der Mittagspause gönnt er sich nicht mal ein wenig Ruhe, sondern wartet, bis ich mein Essen serviert bekomme, und isst gemeinsam mit mir. Fast zeitgleich nehmen wir die Gabel in die Hand und verspeisen die warme Mahlzeit, ohne ein Wort zu verlieren.

In dem Moment, als Jose das Zimmer verlässt, breitet sich eine bittere Leere in mir aus. Auf der Suche nach dem zerrissenen Faden meiner Vergangenheit versuche ich die entscheidende Lücke zu schließen. Meine Gedanken rasen wie wild in alle Richtungen, in der Hoffnung, dass ich auch nur ansatzweise zu einer Erklärung kommen könnte. Das Ergebnis ist abermals das Ende meiner Erinnerung am Busbahnhof von Arequipa.

Zwischendurch zeigt sich mir das Bild einer völlig überlasteten Straße. Mein Gehirn sendet mir laufend den Hinweis, dass wir aufgrund der Verkehrsüberlastung den Bus verlassen haben. Dann trennen sich anscheinend die Wege von Helmut, Barbara, Esther und mir.

Der Besuch eines fremden Landes hat unseren Zusammenhalt gestärkt. Dass wir einander verlieren könnten, hätte ich nie in Betracht gezogen. Bisher traten wir als organisiertes Team auf, das die Schritte ins Unbekannte sorgfältig vorbereitete. Helmut und Esther hatten ihre Reisevorbereitungen im Vorfeld bestens getroffen. Insgesamt waren jedoch unsere spanischen Sprachkenntnisse und die Erfahrungen, die Barbara und ich in Ecuador gesammelt hatten, mit ein grundlegender Faktor unserer gelungenen Tage.

Als ich mich frage, ob wirklich immer alles so harmonisch verlaufen ist, wie ich es mir einbilde, erinnere ich mich an den einzigen Streit, der sich während unserer Reise zugetragen hat. Als wir zusammen in Huacachina südlich von Lima ankamen, waren wir uns nicht einig, wo wir die nächsten beiden Nächte verbringen wollten. Ein Hotel, nahe der bekannten Lagune, stand mit mehreren Zimmern zum Beziehen bereit. Nachdem wir uns bereits nach den Preisen informiert hatten, diskutierten Helmut und ich, ob wir nicht lieber einen Campingplatz mit unserem Zelt aufsuchen wollten. Esther war von der anstrengenden Busfahrt von Pisco nach Ica, das neben Huachachina liegt, noch ein wenig angeschlagen und wollte sich so schnell wie möglich erholen. In der Zwischenzeit überredete mich Helmut die Lagune zu umrunden und nach einer besseren Übernachtungsmöglichkeit Ausschau zu halten.

Im Moment des Aufbruchs warf Esther ihren schweren Rucksack auf den Boden und begann zu schimpfen. Sie befahl uns zurückzukehren, damit wir endlich in ein schönes, ruhiges Hotel gehen könnten. Wir folgten ihren Worten und sahen uns die Anlage genauer an. Erneut beschlossen wir Männer, da weder das Hotel, noch der Pool einladend aussahen, die gesamte Umgebung der Lagune zu erkunden. Esther war inzwischen stinksauer und setzte sich auf dem Boden nieder. Da ihre Schwester sie natürlich nicht im Stich lassen wollte, blieb Barbara bei ihr. Aufgrund ihres Gefühlsausbruchs durften Helmut und ich nicht einmal mehr unsere Rucksäcke bei den Mädchen lassen, während wir uns auf die Suche nach einer anderen Schlafgelegenheit machten.

Kaum waren wir bei der Lagune angekommen, stieg uns ein strenger Geruch in die Nase. Schwefelhaltige Dämpfe, die aus dem Wasser emporstiegen, ließen uns zum Schluss kommen, dass nur abgehärtete Einheimische zum Schwimmen herkommen. Trotzdem fanden Helmut und ich den Ort sehr attraktiv. Auf dem Spazierweg entlang der Lagune entdeckten wir sogleich einen idealen Campingplatz mit Pool und dazugehöriger Bar. Der erste Blick gehörte der Anlage, der zweite dem Freund und die Entscheidung war getroffen.

Auf dem Rückweg sprachen wir darüber, wie wir die Mädels von dem von uns gefundenen Platz überzeugen sollten. Da wir nicht betteln wollten, zeigten wir uns anschließend so sehr vom neuen Standort beeindruckt, dass ihnen kaum eine andere Wahl blieb. Als wir zusammen den Campinglatz ereichten, gehörte der Streit der Vergangenheit an.

SEHNSUCHT!

Der heutige Nachmittag vergeht sehr schleppend. Immer wieder muss ich an Giulio denken, der mich heute noch besuchen wird. Meine Gesamtverfassung sorgt dafür, dass ich laufend einschlafe. Bei jedem erneuten Erwachen benötigt mein Verstand weniger Zeit, um zu erfassen, wo ich gerade bin. Der Raum ist mir mittlerweile vertraut. Sogar die gewohnte Rückständigkeit des südamerikanischen Landes spiegelt sich hier in diesem Zimmer wider. Meine Augen erkennen eine Wand, die einen Neuanstrich, eine Einrichtung, die eine Erneuerung, und einen Boden, der eine Putzkraft vertragen würde.
Zusammen mit Barbara hat mich das Chaos in den Andenländern vergnügt; doch nun wünsche ich Ordnung und Aufklärung. Als die Krankenschwester nach einiger Zeit mit dem Abendessen eintritt, nehme ich wahr, wie spät es bereits geworden ist. Mit einem Lächeln im Gesicht wünscht mir die Frau guten Appetit und verschwindet wieder.
Ich stelle den Teller mit dem frischen Obst auf meinen Bauch. Sehr konzentriert versuche ich einen kräftigen Bissen vom Apfel zu nehmen. Ein plötzliches Krachen in meinen Unterkiefer führt dazu, dass ich kurz aufschreie und den Versuch abbreche. Nicht einmal das Essen kann mir die Zeit verschönern. Voller Zorn blicke ich auf die übrigen Speisen, die sich auf dem Tablett verteilen. Komischerweise ist in solchen Fällen immer ein Wackelpudding dabei. Kurz überlege ich, ob ich ihn probieren soll. Die weiche Nachspeise und der Löffel werden ein problemloses Schlucken ermöglichen. Besonders lecker ist diese

ungewöhnliche Mahlzeit allerdings nicht. Ein Stück Brot entfernt den süßen Geschmack aus meinem Mund.
Neben dem Essen stehen zwei Tüten Orangensaft bereit, die ich bisher nicht geöffnet habe. Zu meinem Erstaunen erblicke ich daneben eine herkömmliche Wasserflasche. Ich strecke die Hand aus, greife zur Flasche, ziehe sie zu mir und trinke.
Nun reicht es mir! Ich schiebe den Tisch beiseite und lege mich bequem hin. Plötzlich stoße ich mit meinem linken Arm auf einen festen Gegenstand, der einen hellen Klang erzeugt. Bisher habe ich nicht bemerkt, dass hinter meiner Schulter ein Fernseher steht. Wie kann ich den übersehen haben? Barbara und ich haben während unserer Reise eigentlich nie ferngesehen. Diese Tatsache und meine schlechte Stimmung führen dazu, dass ich keine Lust verspüre das Gerät einzuschalten.
Es klopft an der Tür. Mein Verstand sagt mir: Diese Person kann nur Giulio sein. Entgegen meinen Erwartungen betritt eine junge Dame den Raum. Unsicher bewegt sie sich auf mich zu:
„Hallo Aaron. Ich bin Marion und komme aus Südtirol … genauer gesagt aus dem Pustertal.“
„Hallo Marion!“
Nach einer Denkpause erklärt sie mir:
„Ich habe von zuhause gehört … es gab einen Busunfall hier in der Nähe von Arequipa. Einige Bekannte haben sich große Sorgen um mich gemacht, da es hieß … Südtiroler waren im Bus. Daraufhin habe ich mich informiert, wo die Verletzen des Unfalls untergebracht sind und dann bin ich hergekommen.“
Ich sehe ihr verwirrt in die Augen.
„Aaron, wie sieht's mit deinen Verletzungen aus?“
„Mein Knie muss operiert werden. Die Schnittwunde im Gesicht wurde bereits genäht.“
Ruhig entgegnet sie:

„Denk darüber nach, dein Knie in Südtirol operieren zu lassen. Dort sind die Vorrausetzungen für den Eingriff besser.“
Ich lasse ihren Vorschlag auf mich wirken. Und mit den Worten: *„Ja, da hast du wahrscheinlich Recht“*, bestätige ich ihre Aussage. Marion bleibt noch eine Weile bei mir. Geschickt schafft sie es, mich ein wenig abzulenken. Bisher bin ich mir nicht sicher, welcher meiner unzähligen Gedanken über den Verbleib meiner drei Freunde der Wahrheit entspricht.
„Alles Gute!“, verabschiedet sich Marion schließlich.

Am Abend, als ich wieder in meinen Gedanken versunken bin, kommt Jose zu mir. Sofort legt er sein Handy aufs Bett und macht mir das Angebot:
„Aaron, du kannst gerne wieder daheim anrufen.“
Ich folge seinem Rat und wähle die Nummer meiner Eltern. Meine Mutter nimmt nach zweimaligem Läuten den Hörer ab:
„Aaron?“
„Ja Mutti, ich bin's. Gibt es Neuigkeiten?“
„Nein, aber Harald und Markus werden morgen zu dir kommen.“
„Wie? ... Mutti, ich habe keine Schuhe mehr.“
Jose sieht mich besorgt an. In dem Moment vernehme ich ein lautes Piep, Piep, Piep und drücke das Geräusch mit dem roten Knopf weg. Die Wertkarte des Handys ist aufgebraucht. Nichts kann mir heute wirklich weiterhelfen. Da es schon ziemlich spät ist, wird mich Giulio auch nicht mehr besuchen.
Jose macht sich für die zweite Nacht auf dem Boden neben meinem Bett bereit. Nach einem kurzen Gespräch lässt er mich mit meinen Gedanken alleine. Es dauert noch eine Weile, bis der Schlaf im Kampf gegen die kaum erträgliche Ungewissheit siegt.

Der nächste Morgen verstreicht abermals sehr mühsam. Quälende Gedanken und Schlaf wechseln einander ab. Am Nachmittag kommt endlich Giulio in mein Zimmer. Er steht nah am Bett, lehnt seinen Arm an die Kante und sagt: *„Tut mir leid Aaron. Ich habe noch keine genauen Informationen. Es hat einen Busunfall gegeben."*
Nach einer Pause spricht er weiter:
„Im Fernseher laufen ständig Nachrichten darüber. Du kannst dir selbst ein Bild davon machen. Aktuelle Meldungen besagen, dass Italiener unter den Toten sind ... mehr kann ich dir leider nicht berichten."
Giulio nimmt den Stromstecker des Fernsehers in die Hand und steckt ihn in die Dose. Beim Durchsuchen der Fernsehkanäle finden wir allerdings keinen Nachrichtensender. Nachdem Giulio wieder ins Konsulat zurückgekehrt ist, taucht nach einer gewissen Zeitspanne, in der ich nur sehr unkonzentriert verschiedene Farbsequenzen im Fernseher wahrgenommen habe, ein Bericht über den Busunfall auf. Ich sehe die Bilder, kann aber ihre Bedeutung für mich und mein Leben noch nicht einordnen. Wer sind diese Italiener?

Aufgrund der vielen Medienberichte erscheinen am Abend mehrere unbekannte Menschen bei mir: Reporter, Busunternehmer und neugierige Personen werfen einen Blick auf mich. Wahrscheinlich ist es ihr Mitgefühl, das sie zum Besuch bewogen hat. Ich bin verwirrt.
Wenig später erscheint auch Giulio. Ich sehe den älteren Herrn zuerst von oben bin unten genau an. Vereinzelte weiße Haare bedecken seinen Kopf, eine dunkle Brille sitzt auf seiner Nase. Er trägt ein weißes Hemd, dunkle Schnürlsamthosen und elegante Schuhe. Giulio wirkt angespannt. Meine emotionalen Fühler sind weit ausgefahren. Sie senden mir ein Signal, das mir sagt: Er wird nichts Erfreuliches berichten.
„Ich habe bereits mit den Eltern deiner Freunde telefoniert", sagt Giulio kurz.

Die Zeit des Wartens ist für mich bisher sehr langsam vergangen, doch mit einem Mal ändert sich alles. Mein sehnlichster Wunsch, eine Erklärung dafür zu finden, warum meine Freundin Barbara, ihre Schwester Esther und deren Freund Helmut nicht bei mir eintreffen, soll nun endgültig erfüllt werden.
Giulio Spina steht vor mir. Er ist nicht in der Lage, die richtigen Worte für seine Nachricht zu finden. Ein Stück Papier mit einem Kreuzzeichen neben den Namen Barbara, Helmut und Esther bringt mir Gewissheit.
Sie sind tot!
Die Nachricht schwarz auf weiß und die sanften Beileidsworte Giulios sind deutlich genug.

Die folgenden Minuten erlebe ich als die schlimmsten meines bisherigen Daseins. Barbara, braun-grüne Augen, eine üppige Mähne goldbrauner Locken, so voller Leben, ist tot? Sie hat meine letzen drei Jahre zu einer wunderbaren Zeit gemacht. Wenn ich weglaufen, im Boden versinken oder mich in eine andere Person verwandeln könnte, würde ich dies ohne Zögern machen.
Ich starre auf die Decke des Raumes, auf die meine Gedanken als Bilder übertragen werden. Die Farbe, die dabei am häufigsten vorkommt, ist schwarz. Meine Hand bildet eine Faust, die ich als Ausdruck meiner Wut mit voller Wucht gegen die Matratze knalle. Tiefer seelischer Schmerz übersteigt jedes momentane körperliche Leiden.

Wie kann dieser Unfall nur passiert sein? Mit all unserer Erfahrung, unseren Sprachkenntnissen, der genauen Planung und den Kompromissen, die wir bereit waren einzugehen. Hätte ich den Vorfall verhindern können? Bin ich sogar schuld an ihrem Tod? Jede einzelne Sekunde unserer Reise hat dazu beigetragen, dass es dazu gekommen ist. Werden sie nun vom Himmel herabschauen und zornig auf mich sein?

All meine Gedanken sind unübersichtlich und treiben mich in eine tiefe Traurigkeit. Ich schließe meine Augen und versuche zu schlafen. Das Nächste, was ich bewusst erlebe, ist die Ankunft meines Bruders Harald und von Markus, dem Freund meiner Schwester. Nicht einmal die Tatsache, dass die beiden den weiten Weg von Villanders nach Arequipa gekommen sind, berührt mich. Trotzdem verspüre ich ihnen gegenüber eine tiefe Dankbarkeit.
Wir sprechen nicht viel. Harald fragt zuerst:
„Aaron, hast du die Nachricht erhalten?"
„Ja."
Mein Bruder schaut sehr besorgt in mein Gesicht:
„Du solltest mehr essen."
Harald und Markus erzählen von ihrer 14-stündigen Reise nach Arequipa:
„Wir sind um halb sieben am Morgen von München nach Amsterdam und von dort weiter nach Lima geflogen. Anschließend brachte uns eine weitere Maschine nach Arequipa ... gegen fünf Uhr nachmittags kamen wir an ... Giulio vom Konsulat hat uns am Flughafen abgeholt und uns hierhergebracht."
Ich nutze die folgende Stille, um Harald und Markus von Jose zu erzählen:
„Jose hat sich sehr um mich gekümmert ... und hat mir sein Handy geliehen ... Ich denke, das war ziemlich teuer."
Harald und Markus zeigen sich erstaunt über das selbstlose Verhalten des jungen Mannes. Mein Bruder beschließt sogar, Jose im Krankenhaus zu suchen. Es dauert nicht sehr lange, bis er mit ihm zurückkehrt. Markus begrüßt den Amerikaner:
„Hallo!"
und sagt dann:
„Danke für das, was du getan hast."
Mein Bruder wird zusammen mit Markus einige seiner bisherigen Aufgaben übernehmen. Doch vorher möchten wir alle schlafen. Die beiden fahren ins Hotel, das Giulio für sie organisiert hat. Sie verabschieden sich von mir:

„Bis morgen Aaron. Schlaf gut. Wir müssen uns vom Flug erholen. Morgen früh kommen wir zu dir, ja? Tschüss."

ALLEIN!

Der heutige Tag beinhaltet die schlimmste Nachricht, die es für mein Leben geben kann. Von vier auf einen. Gemeinsame Wege – plötzlich andere Richtungen. Niemand kann härter zuschlagen als das Leben selbst.
Ein Stechen in meinem Kopf erinnert mich daran, wie stark mein Schockzustand bisher war. Meine Psyche log mir eine Geschichte vor, damit ich nicht im Schmerz ertrinke. Ein Mechanismus des Selbstschutzes wirkte in meinem Körper, während meine Freunde schon tot waren.
Hätte ich es früher erfahren, wäre ich nicht länger im Krankenhaus geblieben. Nun sind Harald und Markus hier. Mein Bruder verlangt von mir, stark zu sein.
Gedanken über Gedanken begleiten mich bis in den Schlaf hinein.

Nach dem Erwachen am Morgen dauert es nicht lange, bis die Neuangekommenen bei mir sind. Im Zimmer übergibt mir Harald Kleidung, Schuhe, Zeitschriften und ein wenig Zuversicht. Markus sitzt auf dem Stuhl und blickt mich zweifelnd an. In dem Moment sagt Harald:
„Die Rucksäcke, Dokumente und Wertsachen von Helmut, Esther und Barbara sind beim Busunternehmen Real abzuholen."
Ich habe keine Ahnung, welche Aufgaben die beiden zu erledigen haben, und nehme ohnehin nur weniges wahr. Aus diesem Grund frage ich nicht lange nach und freue mich jetzt schon auf die Rückkehr der beiden.

GEDANKENSAMMLUNG

Nachdem Markus und Harald aufgebrochen sind, nehme ich einen Stift und ein Blatt Papier in die Hand. Seit unserer Ankunft in Quito am 13. Oktober des vergangenen Jahres, während der Projektarbeit in der Kindertagesstätte und der darauf folgenden Reise haben Barbara und ich unsere Erlebnisse in einem Tagebuch festgehalten. Ich möchte meine Gedanken weiterhin in schriftlicher Form festhalten. Nur mit größter Mühe finde ich die richtigen Worte.
Was soll ich nur ohne Barbara machen?

Die Kinder in Quito, unsere weiteren Pläne und der letzte gemeinsame Abend erscheinen mir immer klarer vor Augen. Am Vorabend der Reise nach Cusco hatten wir uns vier Tickets gekauft. Mehrere Busunternehmen, die uns wie Läden in einer Einkaufshalle erschienen, befragten wir dazu nach Preisen und Leistungen. Nachtbusse mit Sitzen, die komfortabel zum Schlafen sind, kosten um einiges mehr als gewöhnliche Reisebusse. Helmut war davon überzeugt, dass wir uns diesmal einen besseren Bus leisten sollten, doch Esther und Barbara wollten vorher andere Angebote einholen und vergleichen. Während die beiden bei mehreren Reiseunternehmen ins Gespräch kamen, sprachen Helmut und ich bereits über die Abfahrtszeiten und die Fahrtdauer.
Plötzlich hörten wir Barbara und Esther unsere Namen rufen. Sie erzählten uns von dem hervorragenden Angebot, das ihnen die Dame, die vor uns am Schalter stand, unterbreitet hatte. Die Frau wollte uns vier Tickets für Sitze in der vordersten Reihe eines Doppeldeckerbusses verkaufen. Diese Plätze seien noch zu haben und hätten den Vorzug größerer Beinfreiheit, sagte die Dame voller Optimismus. Barbara und Esther waren begeistert von der Idee, ganz vorne zu sitzen und viel Platz und einen tollen Ausblick zu haben. Es dauerte nicht lange, bis uns die Mädels überzeugen konnten. Trotzdem erschien mir die

Vorstellung von Sitzen mit Panoramablick während einer Nachtfahrt ein wenig absurd.

Diese Erinnerung holt mich sprungartig in die Gegenwart, in das Krankenzimmer zurück.
Diese Tickets zu nehmen – das war der entscheidende Moment! Warum habe ich der Dame am Schalter nicht die Tickets um die Ohren gehauen und dabei zu meinen Freunden gesagt: „Nein, wir fahren nicht mit *diesem* Bus!?“ Warum habe ich meinen ursprünglichen Gedanken über eine Panoramafahrt in der Nacht zugunsten dieses „einmaligen“ Angebots über Bord geworfen? Stattdessen kauften wir diese Tickets in den Tod.

Ich denke zurück an den Augenblick, als mich Barbara darauf hinwies, dass es notwendig ist Kompromisse einzugehen und nicht den Reiseleiter zu spielen.
Tage zuvor hatten wir eine ähnliche Entscheidung zu treffen. Dabei stand die Frage zur Debatte, ob wir von Ica direkt nach Cusco fahren sollten, ohne den Umweg über Arequipa zu nehmen. Oft haben wir Informationen aus dem Reiseführer als Grundlage unserer Entscheidungen herangezogen. Wir beschlossen damals, dass die „weiße Stadt“ mit ihren beeindruckenden Bauwerken einen Abstecher wert war und uns als Ausgangspunkt des Besuchs einer der tiefsten Schluchten der Welt dienen konnte. Die dafür notwendige Nachtfahrt dauerte fast zwölf Stunden. Doch der Aufenthalt in Colca Cañón und die Möglichkeit, einen wunderschönen Condor beobachten zu können, hatte die lange, anstrengende Busfahrt in den Hintergrund gerückt.
Dieser vorletzte Tag unseres gemeinsamen Weges fühlt sich in diesem Augenblick, hier in diesem Krankenzimmer, greifbar nah an.
Nach dem Ausflug in den Cañón kehrten wir nach Arequipa zurück und fuhren mit einem Taxi ins Hotel. Da uns bewusst war, dass die nächste Nacht wieder eine anstren-

gende Busfahrt beinhaltete, erholten wir uns im Zimmer. Dort vereinbarten Helmut und ich, am nächsten Morgen frühzeitig das Hotel zu verlassen, um den Sonnenaufgang hinter den nahe gelegenen Vulkanen zu erleben.
Das Aufstehen war zwar mühsam, doch der Anblick der weißen Berge wunderschön. Nachdem Helmut mit seiner Kamera viele Fotos gemacht hatte, spazierten wir wieder zurück. Die Mädels hatten sich in der Zwischenzeit für die Stadt zurechtgemacht. Am Vormittag wollten wir das Kloster Santa Catalina besuchen, das unser Reiseführer als einen besonderen Höhepunkt Arequipas bezeichnete. Auf dem Weg dorthin begegnete uns eine Dame, die uns einen organisierten touristischen Ausflug anbot. Sie erzählte uns von der Möglichkeit, mit einem Bus durch die Stadt und ihre Umgebung zu fahren, um dabei interessante Bauwerke, eine Alpakafarm, einen Reiterhof und weitere Sehenswürdigkeiten zu besichtigen. Da uns dieser Vorschlag nach einem kurzen Gespräch überzeugte, änderten wir spontan unseren bisherigen Plan und entschieden uns diese Rundfahrt mitzumachen.
Anschließend erlebten wir einen interessanten Nachmittag und waren glücklich diese Tour gemacht zu haben.
Am Abend besuchten wir noch einen traditionellen Markt, dann ein Internetcafé. Barbara und Esther kauften sich dabei bunt-gestreifte Leinenhosen. Beide telefonierten an diesem Abend noch mit ihrem Vater.
Die Erinnerung an den Moment, als wir das Internetcafé verließen, erzeugt ein flüchtiges Lächeln in meinem Herzen. Ich habe Barbara geküsst und ihr dabei meine Liebe beteuert.

Dies war während unserer Zeit in Südamerika ein seltenes Ereignis. Die Tatsache, dass wir jeden Tag zusammen verbrachten, hatte unserer Liebe zwar nicht geschadet, doch die gegenseitigen Zärtlichkeiten wurden aufgrund unseres abenteuerlichen Lebens auf ein Minimum reduziert.
Kurz darauf kehrten wir ins Hotel zurück. Zwecks Vorbereitung auf die lange Nachtfahrt beschlossen wir, frühzeitig

am Busbahnhof zu sein und dort in den vielen Geschäften Proviant einzukaufen. Da die planmäßige Ankunft in Cusco auf zehn Uhr morgens fixiert war, besorgte sich jeder von uns ein ausgiebiges Frühstück.
Nach einer Runde im Bahnhofsgebäude besuchten wir eine Bar. Jeder von uns gönnte sich ein peruanisches Schwarzbier, während wir darüber diskutierten, wie wir die über 2000 Meter hoch gelegene Inkastadt Machu Picchu erreichen wollten. Für dieses Abenteuer bestanden mehrere Möglichkeiten. Helmut und Esther hatten aber insgesamt nur drei Wochen Zeit für die Rundreise bis nach La Paz/Bolivien, sodass wir uns für die kurze Tour entschieden.

Helmut war währenddessen damit beschäftigt, den Reißverschluss seines Rucksackes zu reparieren, und stellte fest, dass er ihn austauschen musste. Auf der Suche nach einem Ersatzteil benötigte er die spanische Übersetzung für das Wort Reißverschluss, aber Barbara und ich konnten ihm nicht weiterhelfen. Wir lachten alle.
Alsbald machte sich Helmut auf den Weg, sein Reißverschluss-Problem trotz der Sprachbarrieren zu lösen. Zurück kam er nicht mit einem Reißverschluss, sondern mit einer Stecknadel, die ihm als kurzfristige Alternativlösung diente. Ein Glücksgefühl überkam Helmut, als er uns von seinen zwischenmenschlichen Erfahrungen beim Einkauf berichtete. Kurz darauf machten wir uns auf dem Weg zur Station.
Müde vom Tagesausflug warteten Helmut, Barbara, Esther und ich noch eine Weile, bis der Doppeldecker mit Verspätung ankam. Barbara und ihre Schwester sahen hoch in die erste Reihe des Fahrzeuges und wollten sogleich ein Foto vom Bus machen. Deshalb holte ich meine Kamera aus der Hosentasche, wartete, bis die Mädels für das Ablichten bereit waren, und drückte auf den Knopf. Mit einem Lachen im Gesicht stiegen wir in den Nachtbus ein.
Spontan hat sich jeder von uns für einen der vier Plätze entschieden. Ich setzte mich ganz rechts ans Fenster, neben

mir Barbara und in der anderen Bushälfte Helmut und Esther. Ein Film sollte uns von den Strapazen der langen Nachtfahrt ablenken.

Ich denke, dass die Ankunft von Harald und Markus mir gut tut, weil es mir nun endlich gelingt, meinen Gedanken wieder etwas Ordnung zu verleihen. Ich kann mich sogar an den Film erinnern, den wir auf unserer Busfahrt angeschaut haben. Das gemeinsame Ansehen der Komödie „Das Tier im Manne“ sollte zu einem der letzten Augenblicke im Leben meiner drei Freunde werden. Von da an stockt meine Erinnerung.
Trotz der hohen psychischen Belastung, die die Erinnerung mit sich bringt, zwinge ich mich, die jüngste Vergangenheit weiter zu ergründen. Wie im freien Fall erscheint ein neuer splitterartiger Ausschnitt der Ereignisse: Das Fenster an meiner Seite war defekt und stand daher immer offen. Esther fragte mich, ob ich aufgrund dessen den Platz mit ihr tauschen wollte. Mein Schlafsack sorgte aber dafür, dass ich im Gegensatz zu ihr keine Kälte verspürte, und das erleichterte meine Entscheidung meinen Platz zu behalten. Abwechslungsweise öffne und schließe ich die Augen, um meinem Erinnerungsprozess auf die Sprünge zu helfen. Wie ist unsere Fahrt verlaufen? Ich sehe eine lange Schlange von Autos, Bussen und LKWs, die vor uns kaum weiterkamen. Wir steckten im Stau.
Barbara war fasziniert von der Tatsache, sich endlich wieder einen Film ansehen zu können. Ich sah zu ihr und spürte förmlich ihr Glück, das durch die Anwesenheit ihrer Schwester noch verstärkt wurde. Eingewickelt in ihren Schlafsack schaute sie hoch zum Bildschirm, streckte sich vor Müdigkeit und freute sich bereits auf Cusco. Mir ging es genauso.

Harald und Markus sind noch nicht zurück.

Ich springe gedanklich ein Stück weiter und denke an die Zeit nach dem Unfall. Ich sah Blut in meinem Gesicht und hörte eine Frau schreien. Anscheinend wurde ich zusammen mit mehreren anderen Verletzen zurück nach Arequipa gebracht.
Harald hat mir am Morgen erzählt, dass mehr als zwanzig Menschen bei dem Zusammenstoß ums Leben gekommen sind. Außerdem soll der uns entgegenkommende, überholende Bus schuld am Unfall gewesen sein. Unter den Toten befinden sich auch Kinder.
Die erhöhte Aufprallenergie in den vorderen Reihen war der ausschlaggebende Grund, weshalb dort die meisten Verluste zu beklagen waren. Weiter hinten kamen die Personen mit unterschiedlichen Verletzungen davon, allerdings mussten sie mit ansehen, wie die leblosen Körper am Boden aufgesammelt wurden. Ein Bild des Grauens!

Erst jetzt wird mir das gesamte Ausmaß meiner Situation klar. Ich befand mich in der ersten Reihe, während uns der entgegenkommende Bus mit voller Geschwindigkeit traf. Bereits der Gedanke an die hohe Opferzahl nimmt mir den Atem.
Wenn ich mir vor Augen führe, dass Barbara, Helmut und Esther unter den Toten sind, fühle ich eine bittere Kälte, die mich erstarren lässt. Alle weiteren Gedanken drehen sich nicht um den detaillierten Hergang des Unfalls, sondern nur noch um die Frage nach dem Sinn des Ganzen. Mir wird unmittelbar klar: Ich sollte auch tot sein!
Wir waren zu viert unterwegs und hätten das Recht gehabt, gemeinsam unseren Weg zu beenden. Insbesondere die Trennung von Barbara erlebe ich wie die Spaltung siamesischer Zwillinge.
In diesem Augenblick fühle ich mich sehr allein in diesem Krankenzimmer. Harald und Markus fehlen mir. Das Abholen der Rucksäcke kann niemals den gesamten Tag beanspruchen, überlege ich.

Seit Markus und Harald in Peru sind, fühle ich eine starke Abhängigkeit, die mir in dieser Form noch nie begegnet ist. Eines meiner Ziele während des gesamten Aufenthaltes in Südamerika war, den Kontakt mit den Mitmenschen in Südtirol aufrechtzuerhalten, doch niemals auf sie angewiesen zu sein. Leider kommt zu dieser einen verlorenen Aufgabe noch eine ganze Liste unerfüllter Träume. Neben den Zukunftsplänen für Südtirol sind Bolivien, Argentinien und Brasilien Ländernamen, die durch meinen Kopf schwirren. Auch der Gedanke, womöglich nie mehr dorthin zu kommen, macht mich traurig.

Endlich betritt die Schwester den Raum und unternimmt sogleich den Versuch, mich aufzumuntern:
„Du hast deinen Bart aber lang nicht mehr rasiert", sagt die Dame schmunzelnd.
Durch ihre Offenheit fühle ich mich ein wenig zu ihr hingezogen. Das Lächeln auf meinen Lippen ist diesmal echt:
„Ich hatte keine Möglichkeit dazu", entgegne ich. Ich beobachte, wie sie das Bett macht und frischen Saft hinstellt. Beim Hinausgehen spricht sie mir Mut zu:
„Du musst jetzt stark sein Aaron."
Ihr übereiltes Verschwinden entzieht mir die Möglichkeit, auf ihre Aussage zu reagieren. Die Schwester hat mir für einen kurzen Moment ein wenig Hoffnung geschenkt. Daher finde ich es schade, dass sie nicht länger bei mir bleibt.

Kurz darauf erscheinen Harald und Markus. Es ist bereits Abend geworden.
Der Gesichtsausdruck der beiden zeigt einen erschöpften und mitgenommenen Gemütszustand. Sie müssen einen harten Tag hinter sich haben.
„Peru ist wirklich anders ... und ... Arequipa ziemlich anstrengend", sagt Markus kurz.
Da sie nicht als gewöhnliche Touristen das Land besuchen, sehen sie die peruanische Wirklichkeit bestimmt mit ande-

ren Augen. Ohne jegliche Vorbereitung nach Südamerika zu kommen, bringt sicherlich einen gewissen Kulturschock mit sich. Noch immer habe ich keine Ahnung davon, was Harald und Markus heute gemacht haben. Es scheint so, als möchten sie nicht darüber sprechen. Mein Bruder sagt nur flüchtig:
„Für vieles wird hier ... viel Zeit benötigt."
In der Hand von Markus erkenne ich etwas, das mir gehört. Mein Rucksack. Er war während der Nachtfahrt im Gepäckraum des Busses verstaut und steht nun vor mir. Langsam öffne ich ihn. Im Innenraum befindet sich eine Tasche, die meinem Tagebuch als Schutz dient. Mit der rechten Hand ziehe ich das Erinnerungsstück heraus, lege es aufs Bett und öffne die erste Seite. Beim Lesen der ersten Worte fühle ich mich wie ein Zeitreisender, der seine Vergangenheit aufsucht.

Tagebucheintrag vom 13. Oktober 2008:
Nun haben wir es endlich geschafft. Der 15-stündige Flug von 11.500 km Länge über den Atlantik bis Nordamerika mit Stopp in Atlanta und weiter über Mittelamerika nach Quito war enorm anstrengend. Doch am Ende ist alles gut gelaufen und der Anblick der Megastadt vom Flugzeug aus war phänomenal. Wir wurden am Flughafen von zwei Frauen abgeholt und mit dem Auto in die Unterkunft gebracht. Barbara und ich waren total übermüdet, da wir mit der Zeitverschiebung nicht gut zurechtkamen.

Nach dem Vorlesen dieser Sätze erheben sich Harald und Markus von ihren Stühlen. Falls sie mich jetzt alleine lassen wollen, bitte ich sie um eine Erklärung, schießt es mir durch den Kopf. Ist es Ratlosigkeit? Ich richte meine Blick auf sie und fühle ihre Unsicherheit. Schlagartig springt diese auf mich über. Meine Zukunftsaussichten schrumpfen auf Stecknadelgröße.
Harald und Markus müssen doch stärker sein als ein verletzter, leidender Mensch, der ans Bett gefesselt ist?!

Ein tiefer und lauter Atemzug meines Bruders unterbricht die Stille im Raum. Nun, so denke ich, wird er mir einige Details zum heutigen Tag berichten. Doch anstelle einer Erklärung nennt er mir seine Pläne für den kommenden Tag:
„Aaron, wir werden morgen zur Unfallstelle fahren."
Diese Worte dringen an meine Ohren, doch den Weg von dort bis ins Gehirn scheinen sie in zeitlupenartiger Geschwindigkeit zurückzulegen. Als ich diese Aussage schließlich verarbeitet habe, sehen mich die beiden erwartungsvoll an. In diesem Moment taut mein bislang tiefgefrorener Tatendrang wieder auf:
„Ich werde mitkommen", sage ich kurz.
Nach dieser überzeugten Aussage sieht Markus in die Richtung von Harald, um seine Reaktion abzuwarten. Eine ähnlich lange Zeit vergeht, bis Harald mir antwortet. Seine Mimik lässt kaum Gutes erhoffen.
„Hör zu ... Markus und ich werden einen Kaffee trinken gehen. Du blätterst in der Zwischenzeit dein Tagebuch durch und wir werden zu einer Lösung kommen."

Ich nutze die wiedergekehrte Einsamkeit, um endlich meine tiefsten Gefühle niederzuschreiben. An der Stelle, wo die letzten Worte vor unserer Reise nach Cusco stehen, finde ich genügend Platz, meine Gedanken in Sätzen auszudrücken.

Tagebucheintrag vom 13. Februar 2009:
Was passiert ist, erzählt nicht der traurigste Film der Welt. Ganz kurz: Barbara, Helmut und Esther sind tot. Ist dies wirklich passiert oder muss man mich noch aus dem tiefsten Alptraum wecken? In der Nacht wollten wir nach Cusco. Nach einem tollen Tag und Abend stiegen wir in den Bus Real Turismo. Wie am vorderen Tag ausgemacht, kauften wir Tickets für die erste Reihe im 2. Stock des Busses. Ein Fehler, der auch der Liebe meines Lebens, Barbara, das Leben gekostet hat.
In der Nacht waren die Straßen aufgrund eines Festes in Puno am Titicacasee voller Staus. Auffallend gefährlich

fuhren wir weiter. Ich saß ganz rechts, neben mir Barbara. Auf der anderen Seite ganz links Helmut und dann Esther.

Ich erwache in einem Kleinbus. Mein Gesicht ist blutüberströmt. Neben mir schreit eine Frau lautstark wegen großer Schmerzen. Zurück in Arequipa werde ich nach und nach in drei verschiedene Krankenhäuser gebracht. Immer mit dem Gedanken, dass ich als Einziger verletzt bin, warte ich auf meine Freunde.
Mein Gesicht wird versorgt und mein Fuß geröntgt. Anscheinend ist das Kniegelenk gebrochen und muss operiert werden. Den ganzen Tag versuche ich meine Freunde zu kontaktieren, doch ich erreiche sie nicht. Meine Gedanken sind, dass wir wegen eines längeren Staus vom Bus ausgestiegen sind und alle mit den Rucksäcken zurückgefahren sind. Dort bin ich ganz alleine in einem Bus in einen Unfall verwickelt worden und ins Krankenhaus gekommen.
An einem Abend kommt der italienische Botschafter zu mir, um mir mitzuteilen, dass meine Freunde tot sind. Gestern Nacht, nach vielen Besuchen – Italiener, Konsulat, Berichterstatter, Busunternehmer – kommen mein Bruder und Markus in mein Zimmer. Was für eine Erleichterung. Heute haben die beiden alle unsere Rucksäcke geholt und sich um meinen Rücktransport gekümmert. Morgen fahren sie zur Unfallstelle und kommen dann wieder zu mir. Meine Traurigkeit kann teilweise Räume füllen. Was soll ich nur ohne Barbara machen?

Als Harald und Markus nach einer knappen halben Stunde wieder im Zimmer sind, bewegen sie sich in Richtung der Stühle, um dort Platz zu nehmen. Leider sind die beiden noch zu keiner Entscheidung gekommen, was mein Mitfahren zum Unfallort anbelangt.
Tatsache ist, dass der Unfallort 128 km entfernt ist und der Transport meiner Knieverletzung nicht gut bekommen würde. Die Fahrt im Taxi würde dabei weniger problematisch werden als der Weg zum Auto. Einerseits möchte mein

Bruder neben den schwierigen Aufgaben, die er ohnehin zu erledigen hat, kein zusätzliches Risiko eingehen, andererseits kann er meinen persönlichen Wunsch nachvollziehen und er erkennt, dass ich nicht davon abzubringen bin mitzukommen.
Trotzdem lässt sich Harald in den nächsten Minuten nicht für eine Zusage gewinnen, aber es ist auch kein eindeutiges, ablehnendes Nein.
Durch die Erlebnisse des heutigen Tages ist seine Belastbarkeit sehr stark ausgereizt. Er muss erst wieder zur Ruhe kommen. Für das Nervenkostüm von Markus gilt dasselbe; auch dieses ist überspannt. Die einzig sinnvolle Lösung scheint ihm zu sein, sich auszuruhen und mit den Worten: *„Lass uns ins Hotel gehen“*, schaut er zu Harald.
Harald zeigt sich einverstanden:
„Ja, das wird wohl das Beste sein. Ruh' dich aus Aaron … bis morgen.“
„Bis morgen.“
Der allmählich abklingende Schockzustand lässt mich die Realität immer klarer sehen. Nichtsdestotrotz sorgen die Medikamente und die körperliche Erschöpfung dafür, dass ich fast die ganze Nacht durchschlafe.

ZURÜCK AM UNFALLORT

Kurz nach dem Erwachen am Morgen darf ich erleben, wie gut Harald und Markus meine Flucht aus dem Krankenhaus vorbereitet haben. Sie sehen es wohl als ihre Aufgabe und Pflicht an, mich zum Unfallort zu bringen. Mit einer Mütze bedeckt werde ich auf einem Rollstuhl an den Angestellten des Krankenhauses vorbeigeschoben. Plötzlich hören wir eine Stimme rufen:
„Aaron!“

Ungefähr in der Mitte des Ganges liegt der Raum, aus dem die Rufe gekommen sind. Wir gehen zurück und betreten das Zimmer. Es ist ein Krankenzimmer, in dem zwei ältere Frauen liegen. Eine der beiden stellt sich vor:
„Hallo, ich bin Judith, komme aus der Schweiz, und … das ist Petra, sie kommt aus Österreich. Aaron, wir waren im selben Bus.“
Plötzlich stocken ihre Worte. Sie bemerkt, wie uninteressiert ich auf den Boden blicke.
Haben die Frauen nichts Besseres zu tun, als über die Beteiligten des Unfalls zu reden? Sie selbst haben ein gewisses Alter, dennoch haben die Europäerinnen das Unglück unbeschadet überlebt. In mir bildet sich eine unkontrollierbare Wut, die auf der Suche nach Gerechtigkeit jeden Widersacher hinter sich lassen würde. Wie soll ich reagieren? Am liebsten würde ich Judith und Petra eine ins Gesicht hauen. Warum sind die alten Frauen am Leben, während meine jungen Freunde sterben mussten? Tausend Gedanken gehen mir durch den Kopf. Ich will nicht reden, auch wenn es den Damen vielleicht gut täte. Ich will nur noch schnellstens diesen Raum verlassen:
„Hallo! Da habt ihr Glück gehabt … wir müssen leider gehen“, sage ich kurz und drehe mich weg in Richtung Zimmertür.

Harald und Markus rollen mich den Gang entlang in Richtung Ausgang. Unser Vorhaben wird im letzten Moment von einer Krankenschwester beobachtet, die eilig hinter uns herläuft. Als sie uns einholt, schnappt sie erschöpft nach Luft, sammelt ihre Kräfte und schimpft:
„Warum nehmt ihr den Patienten mit? Das geht nicht!“
„Keine Sorge … wir werden nur eine kleine Runde um den Block drehen.“

Wenige Augenblicke später werde ich ins Taxi gelegt und die Fahrt beginnt. Zwar erschwert meine Anwesenheit die Erledigung der anstehenden Aufgaben, doch dafür

werden die Kommunikationsbarrieren komplett abgebaut. Der Taxifahrer erkennt rasch den Ernst der Situation und reagiert sehr entgegenkommend.
Bevor es Richtung Unfallstelle geht, wollen wir ein Kreuz mit Inschrift, Kerzen, Blumen und ein Bild von Barbara, Helmut und Esther organisieren. Ich habe den USB-Stick mit den Fotos der Reise dabei, die wir in einem Geschäft gemeinsam durchschauen. Da wir uns in einer emotionalen Ausnahmesituation befinden, entscheiden wir uns ziemlich vorschnell für ein Bild, das die Ankunft von Helmut und Esther am Flughafen von Lima zeigt. Meine Freundin Barbara ist auch auf dem Foto. Auf diesem Bild freut sie sich sichtlich über die neue Situation. Wir lassen das Foto drucken, kaufen dazu einen passenden Rahmen und verschwinden wieder.
Dem Taxifahrer sind viele Einrichtungen der Stadt bestens bekannt, sodass er ohne Umweg direkt zu einem Laden fährt, der Sterbekreuze verkauft. Wir betreten den Raum. Eine ältere Frau kommt uns entgegen und fragt sogleich:
„Was möchten Sie gerne?"
Harald nimmt einen Stift in die Hand und schreibt die Namen auf einen Zettel: Barbara Baumgartner, Esther Baumgartner, Helmut Fink, 10.02.2009, Ruhet in Frieden. Ich nehme dieses Blatt in die Hand, sehe der schwarzhaarigen Frau in die Augen und versuche zu erklären:
„Wir würden gerne diesen Text auf ein Kreuz schreiben lassen."
Sie nimmt den Zettel aus meiner Hand, schaut sich die Namen genauestens an und holt sogleich einen jungen Mann durch eine Hintertür herein. Der Mann trägt ein gelbes T-Shirt, eine weiße Mütze und weite Trainerhosen. Hinter seinem rechten Ohr steckt ein grüner Bleistift, den er wohl für seine Zeichenaufgaben benötigt. Ohne ein Wort zu verlieren, holt der Mann in seinem ungeordneten Laden eine Art Blasrohr aus einer Schublade. Daraufhin zeichnet der Peruaner mit Hilfe des Rohrs die gewünschte Innschrift auf ein stabiles schwarzes Kreuz. Die Arbeit des

Mannes wirkt zwar auf den ersten Blick unprofessionell, da er nur mit bescheidenen Arbeitsgeräten ausgerüstet ist, dennoch ist er routiniert und kann die Arbeit nach wenigen Minuten fertigstellen.
Kurz zuvor hat der Taxifahrer erwähnt, dass Sterbekreuze in Peru meist mit Beton im Boden fixiert werden, da unfixierte Gegenstände des Öfteren gestohlen werden. Aus diesem Grunde fährt er nach Hause und besorgt eine Schaufel, Zement, Sand und Wasser für unser Vorhaben, bevor er uns wieder abholt.
Nachdem er zurückgekehrt ist, stellt er sein Auto am Straßenrand ab, drückt auf die Hupe und wartet auf uns. Wir sitzen inzwischen in einem Restaurant in der Nähe des vorhin besuchten Ladens und essen eine Kleinigkeit. Nach dem Begleichen der Rechnung setzen wir uns ins Taxi. Mit den besorgten Materialien im Kofferraum geht die Fahrt los.

Der Unfall hat sich auf über 4000 m Seehöhe ereignet. Während der Fahrt sprechen wir über das peruanische Alltagsleben und die Situation im Krankenhaus „Honorio Delgado".
Aufgefallen ist mir, dass die Patienten jeden Tag Wackelpudding zum Essen bekommen und dass die Angestellten ständig dasselbe Wasser zum Putzen verwenden. Die Zimmer im Krankenhaus sind sehr spartanisch eingerichtet, zudem muss jedes Medikament selbst in der Apotheke besorgt werden.

Wir gelangen immer weiter in das Hochgebirge der Anden. Mehrmals überqueren Schafe und Alpakas die Straße. Ich erinnere mich an den Besuch der Alpakafarm in Arequipa. Dort wurde uns demonstriert, wie aus der Wolle dieser Tiere die begehrten Kleidungsstücke hergestellt werden.
Nach mehreren Kilometern erblicken wir Polizisten am Straßenrand. Wir nutzen die Gelegenheit, die Männer zu fragen, ob sie uns einen Hinweis zum Ort der Unfallstelle geben könnten. Als die Polizisten vom Busunfall hören,

der sich vor drei Tagen auf dieser Straße ereignet hat, antworten sie nur:
„Es kommt hier laufend zu Verkehrsunfällen ... sie fahren gerade auf einer der gefährlichsten Straßen Perus."
Erst genauere Angaben zum Hergang und zur Uhrzeit des Unfalls kurbeln das Erinnerungsvermögen der Polizisten an:
„In ungefähr achtzig Kilometern erreicht ihr eine Brücke. Dort in der Nähe werden Anhaltspunkte zum Unfall ersichtlich sein."
Wir bedanken uns bei den Männern und fahren weiter. Nach über einer Stunde entdecken wir Trümmer am Straßenrand. Da wir die besagte Brücke noch nicht erreicht haben, fahren wir daran vorbei. Doch mit der Zeit verstehen wir, dass die Trümmerteile die gesuchten Hinweise auf den Unfall waren. Wir kehren also dorthin zurück, wo wir diese Trümmer erblickt haben. Der Taxifahrer hält seinen Wagen am Straßenrand an.

Auf dem linken Bein hinkend, gestützt auf Haralds Schulter, überquere ich die Straße. Am Rande der Straße liegen neben den Metallteilen des Busses einige Fahrtickets.
Wir suchen weiter nach Hinweisen, die dafür sprechen, dass Helmut, Barbara und Esther hier ihr Leben verloren haben. Dann plötzlich und vollkommen unerwartet erkenne ich ein Buch, das am Boden liegt. Beim Aufheben wird mir klar: Es ist das Sudokuheft, das Helmut während der Reise bei sich hatte. Ab diesem Augenblick steht fest: Wir haben unser Ziel erreicht.

Von einem Moment auf dem nächsten wird mir ganz anders. Schwindlig und in Atemnot stehe ich an der Stelle, wo sich vor wenigen Tagen Ereignisse abgespielt haben, die mich in eine düstere Zukunft blicken lassen.

Markus beginnt an der Stelle, wo wir das Kreuz fixieren wollen, ein Loch mit der Schaufel zu graben. Ich setze mich dazu und schaue fassungslos ins Nichts.

Der Taxifahrer holt die Materialien zur Herstellung des Betons aus dem Kofferraum. Harald rammt das Kreuz mit einem Stein in das Loch. Ich drücke das Sudokuheft als Ausdruck meiner Wut immer stärker zusammen.
Es ist ziemlich kühl auf dieser Höhe. Ich friere. Mein Bruder überquert die Straße und bringt mir eine Jacke aus dem Taxi. Die asphaltierte Gerade erscheint in gutem Zustand. Es muss an dem Nebel und an der hohen Geschwindigkeit des entgegenkommenden Busses gelegen haben, dass es zu dem Unfall kam. Gerade in diesem Moment fährt ein Doppeldecker vorbei. Wir denken vermutlich alle dasselbe, doch niemand bringt ein Wort über die Lippen.
Nun werden Sand, Zement und Wasser zum Durchmischen bereitgestellt. Harald legt Steine, die er in der näheren Umgebung findet, um das Kreuz. Zwischen die Steine und das Kreuz schüttet der Taxifahrer Beton. Kaum steht das Kreuz am dafür vorgesehenen Ort, passiert etwas, was in Anbetracht der Dramatik der Ereignisse längst überfällig ist. **Ich breche unter Tränen zusammen. Einen intensiveren Moment habe ich bisher nicht erlebt. Barbara ist tot!** Wie soll mein Leben weitergehen?

Markus kniet vor dem Kreuz und schaut sich das Bild der drei Villanderer genauer an. Er hat meine Freundin kurz vor unserer Abreise am 13. Oktober das erste Mal gesehen. Helmut und Esther hat er nie kennengelernt. Der Freund meiner Schwester legt die drei Blumenbuketts vor das Kreuz. Harald schießt währenddessen einige Fotos.
Die tiefe Trauer ist uns allen ins Gesicht geschrieben, doch ungeachtet dessen möchte er den Moment festhalten. Vermutlich auch für die Angehörigen und Freunde in der Heimat.
Damit Harald, Markus und ich zusammen mit dem Kreuz auf einem Bild sind, fragen wir den Taxifahrer, ob er uns fotografieren könnte. Markus steht rechts, Harald in der Mitte und ich auf der linken Seite. Das Kreuz, das Bild und die Blumen befinden sich unmittelbar vor uns.

Im Anschluss daran beschließen Harald und Markus, mich einige Minuten alleine an dieser Stelle zu lassen. Sie tragen in der Zwischenzeit die Schaufel und die leeren Säcke ins Taxi.

Ich habe im Krankenhaus einen Abschiedsbrief vorbereitet, den ich nun in der Einsamkeit vorlese.

Danach hinke ich kraftlos zum Taxi zurück. Der persönliche Abschied am Kreuz war wichtig, aber mein psychischer Zustand ist jetzt mehr als beängstigend.
Die Rückfahrt beginnt. Als wir bereits eine weite Distanz hinter uns gelassen haben, erleben wir ein äußerst riskantes Überholmanöver eines Busses. Erst passiert er unser Taxi, dann einen Lastwagen in einer unübersichtlichen Kurve. Beim Blick zur Mittellinie erkenne ich, dass sie durchgezogen ist.

Textpassage von Artur Schmitt:

DIE SCHRECKLICHE NACHRICHT
Es passiert nur sehr selten, dass ich mein Handy mit zur Messe nehme. Aber an diesem Mittwochabend bin ich ziemlich spät dran, was bei mir leider gar nicht so selten ist. Ich habe nur noch Zeit, den Talar über meine Zivilkleidung zu werfen und direkt in die Stiftskirche zu starten. Am Mittwoch haben wir im Kloster Neustift immer Abendmesse. Auf diese Weise bleibt mein Telefon diesmal einfach in meiner Hosentasche. Während des Gottesdienstes merke ich, dass mir jemand eine Nachricht geschickt hat. Gott sei Dank habe ich das Handy immer auf Vibration gestellt! Auf dem Weg zum Abendessen werfe ich einen kurzen Blick auf das Display: „Du hast sicherlich schon von den schrecklichen Ereignissen gehört?“, steht da geschrieben. Der Absender ist eine gute Freundin aus Villanders. Ich

habe absolut keine Ahnung, was sie meint! Beim Abendessen erkundige ich mich bei meinen Mitbrüdern, ob sie am heutigen Tag eine schlechte Nachricht gehört haben, die Villanders betreffen könnte. Doch niemand hat etwas in dieser Art mitbekommen.

Nach dem Essen starte ich direkt auf mein Zimmer. Ich bin neugierig und besorgt zugleich. Was ist wohl in Villanders passiert? Es sind erst anderthalb Jahre vergangen, seit ich diese Pfarrei verlassen habe, und viele Menschen sind mir in den vier Jahren meiner Arbeit dort sehr ans Herz gewachsen. Bevor ich telefoniere, schaue ich ins Internet. Da steht tatsächlich etwas von einem Busunfall in Peru, bei dem drei Villanderer ums Leben gekommen sind. Baumgartner? Fink? Das sind doch die Töchter von Marianna und Peter Baumgartner!? Und Fink, das kann doch nur Helmut sein, der mit einer der beiden befreundet war!? Tausend Gedanken schießen mir durch den Kopf. Soll ich zu den betroffenen Familien fahren? Die Eltern der verunglückten Jugendlichen kenne ich gut. Sie sind in den verschiedensten Gruppen und Vereinen des Dorfes engagiert: im Pfarrgemeinderat, im Kirchenchor, in der Frauenbewegung, in der Musikkapelle. Auch die Verunglückten selbst haben im Dorfleben aktiv mitgemacht und sind mir daher bestens bekannt.

Da der erste Gedanke sehr oft der beste ist, mache ich mich gleich auf den Weg nach Villanders. Seltsamerweise mache ich mir die ganze Fahrt über, immerhin braucht man mit dem Auto fast eine halbe Stunde, keinerlei Gedanken darüber, ob ich das Richtige tue, und auch nicht darüber, was ich den Eltern der verunglückten Jugendlichen sagen soll. Was sollte man auch Eltern sagen, die gerade ihre einzigen beiden Töchter verloren haben? Es kommt mir einfach logisch vor, dass ich jetzt dorthin muss.
Irgendwann stehe ich dann vor dem Haus der Familie Baumgartner. Die Tür ist angelehnt. Es sind mehrere Leute

mit Marianna und Peter in ihrer Stube versammelt. Ich kenne sie alle noch von meiner Zeit als Pfarrer hier. Marianna kommt mir entgegen und ich nehme sie in den Arm. Wir schweigen! Später beginnen wir miteinander zu reden und nachdem ich Peter ganz fest die Hand gedrückt und auch die anderen Anwesenden begrüßt habe, bitte ich die Eltern von Esther und Barbara mir zu erzählen, was passiert ist und was sie selbst über den Unfallhergang wissen. Sie erzählen mir von Aarons gestrigem Telefonanruf und von der den ganzen Tag über herrschenden Ungewissheit, da sie noch keine offizielle Mitteilung über den Unfall und über den Tod ihrer Kinder erhalten haben.
Mitten in einer längeren Pause läutet das Telefon. Ein Freund der Familie nimmt den italienischen Anruf entgegen. Mittlerweile ist es bereits nach 22 Uhr. Es ist der erwartete Anruf vom italienischen Konsulat in Arequipa. Dieser Anruf bringt zwar die erwartete Gewissheit, doch bringt er vor allem die traurige Bestätigung des Todes von drei jungen Menschen aus Villanders. Der Schock sitzt tief! Schweigen, Tränen und der Versuch, einige tröstende Worte zu sprechen, wechseln sich miteinander ab. Ich bleibe noch einige Zeit und verabschiede mich dann mit dem Versprechen, übermorgen wieder vorbeizuschauen.

Es ist für mich nicht möglich, ins Stift zurückzufahren, ohne vorher die Familie von Helmut zu besuchen. Wie erwartet ist ihr Haus hell erleuchtet und ich treffe die Eltern und Schwestern von Helmut mit ihren Partnern und Kindern an. Wie traurig ist doch der Grund meines Besuches. Ich bin oft hier gewesen, um die mittlerweile verstorbene Großmutter zu besuchen und ihr die Kommunion zu bringen. Auf diese Weise habe ich auch den ersten Kontakt mit der gesamten Familie knüpfen können. „Zumindest Kinderlachen wird in diesem Haus auch weiterhin zu hören sein“, denke ich für mich, als ich die Wohnung betrete. Zwischen den Schock über den Verlust eines geliebten Menschen und die beginnende Trauer mischen

Sozialprojekt „Para dar Esperanza" in Quito

Barbara und Aaron in Ecuador bei der Projektarbeit (13.10.–25.12.2008)

Wenn wir wahren Frieden in der Welt erlangen wollen, müssen wir bei den Kindern anfangen.
(Mahatma Gandhi)

Ankunft von Helmut (links) und Esther (rechts) in Lima (Februar 2009)

Die beiden Schwestern auf großer Reise

Barbara

Man weiß selten, was Glück ist, aber man weiß meistens, was Glück war.
(Françoise Sagan)

Esther

Der Sinn des Reisens besteht darin, die Vorstellungen mit der Wirklichkeit auszugleichen, und anstatt zu denken, wie die Dinge sein könnten, sie so zu sehen, wie sie sind.
(Samuel Johnson)

Helmut

Das einzig Wichtige im Leben sind die Spuren der Liebe, die wir hinterlassen, wenn wir gehen.
(Albert Schweitzer)

Barbara und Aaron

Wir können keine großen Dinge vollbringen –
nur kleine, aber die mit großer Liebe.
(Mutter Teresa)

sich viele Fragen über den Unfallhergang. Auch die Familie Fink hat mittlerweile die Bestätigung des Todes ihres Sohnes und Bruders durch das italienische Konsulat in Peru erhalten. So besteht Gewissheit darüber, dass ihr Sohn, Bruder und Schwager nicht mehr lebend zurückkehren wird. Die Anwesenheit der Schwager und ihr Versuch, rational an die Geschehnisse heranzugehen, empfinde ich in diesem Moment als tröstend und hilfreich. In der eigenen Ohnmacht tut es gut, wenn andere Menschen aktiv werden. Wir sprechen noch lange über die Reise, die Helmut, Esther und Barbara gemeinsam mit Aaron begonnen und auf so tragische Art beendet haben. //

Wir kehren vom Unfallort zurück nach Arequipa in das historische Zentrum der „weißen Stadt". Meine Leidenschaft für das Reisen geht mit mir durch, als ich Harald und Markus von den Kirchen und den Vulkanen in der Umgebung erzähle. Sie machen Fotos von den imposanten Bauwerken und können trotz der schweren Aufgabe, vor die sie gestellt worden sind, für einen kurzen Augenblick die Umgebung genießen. Als wir im Krankenhaus ankommen, kommt uns eine Krankenschwester aufgebracht entgegen und berichtet:

„Die Polizei und Feuerwehrmänner haben euch schon gesucht."

„Tut uns leid."

Sogar Giulio ist anwesend. Auch er kann unserer Aktion nichts Positives abgewinnen. Der Mitarbeiter des Konsulats erklärt:

„Die ausländischen Gäste des Landes werden gut behandelt, da Peru aufgrund der Einnahmequellen im Tourismus sehr auf sein Image bedacht ist. Eine Flucht aus dem Krankenhaus kommt den Angestellten aber nicht entgegen."

Angesichts der Tragödie lässt uns Giulio jedoch bald in Ruhe.

Bereits nach dem ersten Röntgten haben die Ärzte diagnostiziert, dass mein Knie zu operieren ist. Nach einer längeren Diskussion und angesichts der zwei zusätzlichen Wochen, die ich hier verbringen müsste, meint mein Bruder:
„Wir verschieben die Operation endgültig auf Südtirol."

Am nächsten Morgen verlasse ich das Krankenhaus. Diesmal für immer. Es ist Sonntag, der 15. Februar 2009. Ich bekomme die erforderlichen Papiere für die Entlassung und fahre daraufhin gemeinsam mit Harald und Markus zum Hotel. Im Hotel, das in der Nähe der Innenstadt liegt, fühle ich mich anfangs sehr unwohl. Die Räumlichkeiten entsprechen nicht dem, was ich in Südamerika bisher gewohnt war. Ich sehe in dem Gebäude eine luxuriöse Insel im Meer der Armut. Ein Grund dafür ist, dass Barbara und ich uns während unseres Aufenthaltes in Ecuador und Peru auf das materiell Notwendigste beschränkt haben. Wir fühlten uns nicht wie Touristen, sondern wie wahre Abenteurer in einem aufregenden Land.
Die Basis für diese Einstellung haben wir in Quito erlernt. Dort gingen wir zur Sprachschule und haben uns im Rahmen des Sozialprojektes für Kinder in ärmlichen Verhältnissen eingesetzt. Durch diese Arbeit entstand in uns eine Selbstverständlichkeit im Hinblick auf den Verzicht von übertriebenem Komfort.

Im Hotel finde ich einen Computer mit Internetzugang. Auf der Südtiroler Nachrichtenseite finde ich mehrere Berichte zum Busunglück in der Nähe von Arequipa. Wie eine Botschaft aus einer anderen Welt empfinde ich das Geschriebene. Zwar lese ich ständig meinen Namen, doch kann ich mich mit diesem Aaron Rabensteiner nicht identifizieren. Außerdem kann ich nicht begreifen, warum unser Busunglück für die Südtiroler Medien so wichtig ist. Beim Lesen der Berichte bemerke ich den falsch beschriebenen Verlauf unserer Reise, fehlerhafte Zusammenhänge und verwechselte Namen. Diese Tatsache trägt dazu bei, dass ich fortan den Medien gegenüber eine distanzierte Haltung einnehme.

In den kommenden Minuten überkommt mich der Gedanke, dass den Menschen da draußen die Wahrheit mitgeteilt werden müsse. Ich möchte verhindern, dass die Menschen die Zeitung lesen und dabei falsche Tatsachen über die gemeinsame Zeit von Barbara, Helmut, Esther und mir vermittelt bekommen.
Beim Erreichen meines Zieles, den Menschen das wahre Geschehen mitzuteilen, kommt mir das Kondolenzbuch zugute, das die Südtiroler Nachrichtenseite für meine verstorbenen Freunde eingerichtet hat. Hier schreibe ich einen kurzen Text nieder:
Liebe Freunde. Dieser Text ist mehr ein Auszug über eine gemeinsame Zeit als ein trauriges Abschiedsschreiben. Zusammen mit Barbara erfuhr ich die unvergesslichste und beste Zeit in meinem Leben. Dabei sollte der Südamerika-Aufenthalt das Hauptstück dieser am Ende tragischen Reise sein. Manchmal fragten wir uns, ob wir nicht lieber Bruder und Schwester sein wollten, und genossen das harmonische und abwechslungsreiche Leben.
Während der Entwicklungsarbeit in Ecuador zeichnete sich meine Liebe durch unglaublichen sozialen Einsatz und Kraft für die kleinen Kinder aus, als wären es die eigenen. Anfang dieses Jahres ging die Reise los. Damit wir trotzdem etwas Gutes für Kinder tun konnten, begannen wir Bändchen zu knüpfen und diese den Kindern zu schenken. Durch Ecuador ging es nach Peru und am 2. Februar trafen wir Helmut und Esther in Lima. Das Wiedersehen war sehr toll und wir alle genossen diese Zeit. Wir erlebten eine wunderschöne erste gemeinsame Woche und beschlossen den Nachtbus nach Cusco zu nehmen.
Seit dieser Entscheidung bin ich von untröstlicher Traurigkeit erfüllt und kann mir so manches nicht erklären. Warum? Und warum ich nicht?

Wie kann es nur sein, dass uns so liebevolle, sympathische und traumhafte Menschen aus den Händen gerissen werden? Barbara, ich werde dich immer lieben.
Den Familien wünsche ich mein aufrichtiges Beileid und hoffe von ganzem Herzen, dass es der lieben Marianna und dem lieben Peter einigermaßen geht.
Euer Aaron.

In der Zwischenzeit haben Harald und Markus das Hotel verlassen, um einige Burger und Pommes zu besorgen. Den folgenden Abend verbringen wir im Zimmer, besprechen meine Rückreise und schauen ein wenig fern.
Im Hotelzimmer befinden sich auch die Rucksäcke von Barbara, Helmut und Esther, die Harald und Markus bei der Busgesellschaft abgeholt haben. Wir prüfen aufgrund der bevorstehenden Sicherheitskontrollen am Flughafen den Inhalt der Rücksäcke.
Während der Übertragung eines Fußballspiels lege ich mich ins Bett und schlafe bald neben meinem Bruder ein.

Textpassage von Artur Schmitt:

DIE ERSTE TRAUERFEIER
Da die Zeit bis zur Überführung der Körper sehr lange dauert, haben die Angehörigen und Freunde der drei Verstorbenen den Wunsch geäußert, bereits vor der Beerdigung einen Trauergottesdienst miteinander zu feiern. Dieser Wunsch ist mehr als sinnvoll! Das ganze Dorf scheint unter Schock zu stehen und es braucht einen Ort und eine Gelegenheit, die Trauer der Menschen aufzufangen. Als Termin haben wir Sonntag, den 15. Februar ausgewählt. Da ich in den vergangen Tagen sehr engen Kontakt mit den Angehörigen hatte, habe ich die Vorbereitung dieses Gottesdienstes übernommen. Er besteht aus einer Folge von Texten, Gebeten, Gedanken, Musik und einer kurzen

Ansprache. Viele Freunde der verunglückten Jugendlichen möchten sich auf ihre Art in den Gottesdienst einbringen. Die Gefahr ist groß, dass es dadurch eine nicht enden wollende Veranstaltung wird. Das möchte ich den Angehörigen gerne ersparen. Deshalb ist eine gute Vorbereitung wichtig.

Mehrere Geistliche sind dabei. Der jetzige und drei frühere Pfarrer von Villanders und einige einheimische Geistliche sind gekommen und drücken auf diese Weise den Familien und der ganzen Dorfbevölkerung ihre Anteilnahme aus. Aaron ist noch nicht da. Er wird wohl erst morgen oder übermorgen die Heimreise von Peru nach Südtirol antreten. Die Kirche ist an diesem Abend übervoll. Alle sind gekommen. Der Schock über den Unfall und den Verlust von drei geliebten und geschätzten Menschen ist überall zu spüren. Während der Trauerfeier könnte man eine Stecknadel fallen hören. Nur leises Weinen ist manchmal zu hören. Mir ist die Aufgabe zugefallen, eine kurze Ansprache zu halten. Doch hier fehlen auch mir die Worte! Ich versuche mein Bestes und formuliere einen der wenigen Gedanken, der mir selbst geholfen hat:
„Was kann man Eltern sagen, die gerade ihre Kinder verloren haben? Gibt es irgendeinen Trost in diesem Leid? Alles, was wir an Glaubenssätzen und auch an frommen Sprüchen in so einem Moment oft sagen, wirkt fast wie Zynismus. Wie können wir von einem lieben Gott sprechen? Es ist so paradox, so widersprüchlich: Eigentlich können wir nur schweigen und doch müssen wir reden. Angesichts des Leids können wir nur still werden und es verbieten sich irgendwelche Standardsätze, die wir schon so oft gehört haben. Und doch merken wir alle, dass wir über das Geschehene sprechen müssen. Wir merken, dass sich unsere Trauer und auch unsere Wut, unsere Hilflosigkeit und Ohnmacht einfach Luft schaffen müssen. Also versuchen wir darüber zu reden! Wie können wir im Angesicht des Todes dreier junger Menschen von einem

liebenden Gott reden? Ein Gedanke hat mich in den vergangenen Tagen beschäftigt und er hat mir selbst etwas Trost verschafft:
Jesus gebraucht für die Beschreibung seiner Beziehung zu Gott das Bild der Vaterschaft. Gott ist für Jesus Vater und auch Mutter. Diese Beziehung Jesu zu Gott lässt sich also beschreiben als die Beziehung eines Kindes zu seinen Eltern. Wir können hier all das Gute und Positive hineinlegen, das uns beim Wort Eltern einfällt. Vor allem ist es die Liebe zu den Kindern und der Wunsch, sie aufwachsen zu sehen. Die Beschreibung Gottes als Vater und auch als Mutter ist tatsächlich sehr zutreffend. Dieser Jesus aus Nazareth lädt auch uns ein, uns als Kinder Gottes zu sehen. Durch sein „Sohn-Gottes-Sein" werden wir alle zu Kindern Gottes. Diese Beschreibung Gottes als unseren Vater ist uns allen mehr als bekannt. Denken wir nur an das Vaterunser oder an die vielen anderen Gebete, in denen wir Gott so ansprechen.
Schauen wir uns die Beziehung eines Vaters, einer Mutter zu ihrem Kind genauer an. Wie bereits gesagt, ist diese Beziehung geprägt von Liebe und von der Sorge füreinander. Eltern lieben ihre Kinder und sie sorgen für sie, bis sie selbst dazu in der Lage sind – und manchmal auch noch darüber hinaus. Und doch – all die Liebe eines Vaters und einer Mutter kann das Kind nicht restlos beschützen. Diese Liebe legt keinen undurchdringlichen Schutzmantel um das Kind, so dass ihm nichts mehr geschehen könnte. Und doch zweifelt niemand an der Größe und Intensität der Elternliebe, wenn dem Kind etwas zustößt. Im Gegenteil! Je schwieriger und schmerzhafter die Situation für das Kind ist, desto größer ist die Liebe der Eltern zu ihm. Wenn einem Kind etwas zustößt, wenn ein Kind sich wehgetan hat, so wird die Liebe der Eltern dadurch nicht kleiner, sondern im Gegenteil – sie wird größer!
Bei Gott stelle ich mir das ähnlich vor. Wir reden ihn als unseren Vater an. Wir beschreiben ihn und seine Beziehung zu uns mithilfe des Bildes der Eltern-Kind-Beziehung. Was

für die Liebe irdischer Eltern gilt, dass gilt wohl auch für die Liebe Gottes zu uns. Sie kann so groß sein, wie sie will, sie kann uns dennoch nicht vor Leid und Gefahr beschützen. Auch Gottes Liebe hüllt uns nicht in einen unzerstörbaren Schutzmantel ein. Auch sie kann uns nicht vor allem Unheil bewahren. Und doch ist sie da! Gerade, wenn uns etwas wehtut, gerade wenn wir verletzt wurden, dann ist Gott da, so wie gute Eltern da sind, wenn ihre Kinder ganz unten sind."

BEGEGNUNG MIT JUGENDLICHEN IN VILLANDERS

Nach der Trauerfeier sind die Jugendlichen, die am Gottesdienst teilgenommen haben, eingeladen, miteinander über das Geschehene ins Gespräch zu kommen. Auf den Wunsch einiger Eltern hin habe ich mich bereit erklärt, dieses Treffen vorzubereiten und zu leiten. Der Psychologe und Priester Gottfried Ugolini hat mir dabei geholfen, einen Ablauf für diese Begegnung zusammenzustellen. Es sind mehr als siebzig Jugendliche gekommen. Der vorbereitete Stuhlkreis im Vereinshaus ist zu klein. Wir müssen noch Stühle herbeibringen. Das allein ist bereits eine erste Hilfe. Es ist ein Zeichen dafür, dass dieses Ereignis vielen jungen Menschen sehr nahegeht.

Nachdem der Stuhlkreis erweitert worden ist, breiten wir ein Tuch in der Mitte aus und legen Fotos der vier Jugendlichen darauf. Die Fotos der drei Verstorbenen stellen wir in die Mitte und das Bild von Aaron steht etwas abseits. Eine Kerze und eine Blume stehen auch auf dem Tuch. Wir versuchen still zu werden und zur Ruhe zu kommen. Noch nie habe ich eine so große Gruppe Jugendlicher so still erlebt. Ganz langsam stellen wir uns einige Fragen: Warum sind wir hier? Was wissen wir? Was ist eigentlich geschehen? Wann und wo ist es geschehen? Wer ist verunglückt? Wie ist der Unfall passiert?

Ich versuche ganz bewusst, aus den Antworten der Jugendlichen und aus meinen eigenen Berichten alle Emotionen herauszuhalten und die Frage nach dem Warum nicht zu stellen. Die Geschichte der vier verunglückten Jugendlichen hatte so positiv begonnen. Aaron und Barbara wollten ein Zeichen der Solidarität setzen. Natürlich wollten sie auch etwas erleben. Esther und Helmut hat ihre Freundschaft zu den beiden nach Peru geführt. In all dem Guten und Positiven geschieht dann ein Unfall. Es stimmt, Esther, Barbara und Helmut sind bei dem Unfall vor fünf Tagen in Peru gestorben. Es stimmt auch, dass Aaron überlebt hat und verletzt ist. Sein Bruder und der Freund seiner Schwester sind jetzt bei ihm. Und es stimmt genauso, dass wir hier ihnen allen und ihren Angehörigen gegenüber unser Mitfühlen zeigen wollen. Wir wissen uns mit ihnen verbunden. Das wollen wir in dieser Stunde ausdrücken. Selbst wenn es uns schwerfällt, wir tun dies aus mitmenschlichen und freundschaftlichen Gefühlen. Wir atmen, wir sehen uns, wir leben. Deshalb können wir uns an sie erinnern. Wir können uns unsere letzten Treffen und Gespräche mit ihnen vor Augen führen. Wir werden das, was unseren verstorbenen Freunden wertvoll war, hineinnehmen in unser Leben. Wir können unseren verletzten Freund Aaron bald wiedersehen.

Ich versuche die Jugendlichen zu ermutigen, über ihre eigenen Erfahrungen mit dem Unfall zu sprechen. Wir versuchen einfach die „harten“ Fakten zusammenzutragen: Was ging mir durch den Kopf, als ich von dem Unfall gehört habe? Was habe ich gerade gemacht und wo war ich, als mich die Nachricht erreicht hat? Wen habe ich angerufen und mit wem habe ich darüber geredet? Was denke ich heute Abend? Was geht mir jetzt durch den Kopf?
Nachdem wir, so gut es eben ging, versucht haben, die Tatsachen zusammenzutragen, wenden wir uns unserer Trauer und unseren Gefühlen zu. Was ist Trauer eigentlich? Trauer braucht zunächst einmal ein gutes, ein lebensbe-

jahendes Gefühl. Trauer braucht Verbundenheit, braucht Liebe! Trauer ist Ausdruck von Beziehung, Freundschaft, Wertschätzung. Deshalb vermissen wir sie: ihr Lachen, ihre Worte, ihre Hilfsbereitschaft … Wir trauern, weil wir sie als wertvolle Mitmenschen erlebt haben und vieles mit ihnen geteilt haben. Unser Leben wäre ärmer, wären wir ihnen nie begegnet. Doch wir kannten sie.
Deshalb sind wir traurig. Unsere Reaktionen sind ganz normal und menschlich – was immer uns durch den Kopf geht, was immer unsere Gefühle ausdrücken, wie immer unser Körper reagiert, mit Zittern, Schock, Appetitlosigkeit, Schlaflosigkeit, Lustlosigkeit, und wie viel immer wir auch weinen oder unsere Tränen vertrocknen. Es ist in diesen Situationen nur natürlich, dass wir fassungslos sind, dass wir sprachlos sind, dass wir uns ärgern, dass es so passiert ist, dass uns alles sinnlos erscheint, dass wir ihren Tod als ungerecht erleben, bedauern, dass wir sie vermissen, und es uns leidtut, dass wir uns hilflos und verletzbar erleben, dass …
Ohnmacht und Übernahme von Verantwortung liegen nahe beisammen. Wir leben und können wieder die Kontrolle zurückgewinnen und etwas tun – auch im Sinne der Verstorbenen. Wir tragen Verantwortung für uns und für unsere Mitmenschen. Darin können wir uns gegenseitig stützen. Es ist auch wichtig, dass wir für uns selbst etwas tun, was uns hilft, dem Leben wieder einen größeren Horizont zuzuführen: indem wir uns mit anderen treffen, spazieren gehen oder mit dem Rad fahren, miteinander reden, uns und anderen beistehen, manchmal auch schweigend … gute Erinnerungen austauschen und ihnen danken für das, was wir gemeinsam erlebt oder von ihnen gelernt haben …

Nachdem wir uns diesen Gedanken und Gefühlen, nachdem wir uns unserer Trauer gestellt haben, wird es Zeit, dass wir beginnen, uns von Barbara, Esther und Helmut zu verabschieden. Die kommenden Tage werden eine Zeit des Abschieds für uns alle werden. Ich lade die Jugendlichen ein, dies auf ihre ganz eigene Art und Weise zum Ausdruck zu bringen. Einige möchten den drei einfach Danke sagen und gestalten für jeden ein Plakat mit einer Vielzahl von positiven Erinnerungen, mit Wünschen und Grüßen an jeden der drei Freunde. Andere schreiben einen Brief an Aaron und zeigen ihm so, dass sie einfach da sind und mit ihm fühlen. Einige stellen sich die Frage, was sie den Eltern von Barbara, Esther und Helmut sagen möchten und schreiben auch diesen einige Zeilen. Für die künstlerisch Veranlagten gibt es ein Plakat zum freien Gestalten mit Farben. Ein anderes Plakat dient zum Formulieren von Gedanken, Gefühlen, Texten und Sprüchen, die vielleicht auch für die Beerdigung hilfreich sein können. Schließlich liegt auf dem Boden noch ein letztes Plakat, welches einfach leer ist und auch leer bleibt. Während wir uns den Plakaten zuwenden, läuft im Hintergrund leise Musik. Da ich erst vor kurzem mit einem Freund auf einem Rosenstolz-Konzert gewesen bin, habe ich mich für eine CD dieser Band entschieden. Die ruhige Musik und die Texte, die vor allem von der Schönheit und den Schwierigkeiten menschlicher Beziehungen handeln, passen nicht schlecht zu den Jugendlichen und ihrer Lebenswelt.

Nach einiger Zeit sammeln wir die Briefe ein und legen sie in mehrere vorbereitete Mappen. Für jeden Empfänger eine eigene Mappe. Nachdem wir geklärt haben, wer von den Jugendlichen sie wem überreichen möchte, versuchen wir wieder still zu werden. Unsere Gedanken gehen nochmals zu Esther, Barbara, Helmut und auch zu Aaron. Wir denken an die Angehörigen und schließlich auch an uns selbst. Mit einem Vaterunser, bei dem wir uns die Hände reichen, beschließen wir unser Treffen. Die Bilder lassen wir liegen, aber die Kerze wird ausgelöscht. Alle haben noch genügend Zeit, miteinander zu reden und nochmals die Bilder und Plakate zu betrachten, bevor sie nach Hause gehen. //

RÜCKKEHR

Sehr früh am Morgen stehen wir auf, um gemeinsam im Hotel zu frühstücken. Bereits gestern hat Harald meine gesamte Rückreise mit Hilfe seines Handys organisiert. Nun warten wir auf den Krankenwagen, der mich zum Flughafen von Arequipa bringen wird.
Kurz nachdem der Wagen angekommen ist, werde ich von einem zuständigen Sanitäter auf eine Liege gelegt, angegurtet und in den hinteren Teil des Wagens geschoben. Als ich aus dem Fenster blicke, sehe ich Harald und Markus und winke ihnen zum Zeichen des Abschieds zu. Kurz darauf schaut mein Bruder noch zur Tür des Wagens herein und sagt:
„Komm gut nach Hause Aaron. Wir werden uns im Krankenhaus von Brixen sehen.“
„Tschüss Harry“, antworte ich.
Dann fahren wir los.

Am Flughafen angekommen, vergeht eine ganze Weile, bis die peruanischen Behörden alle Formalitäten erledigt haben. Nach der unangenehmen Wartezeit steht das Kleinflugzeug bereit, mit dem ich, in Begleitung zweier Piloten, von Arequipa nach Sao Paolo geflogen werden soll.

Wir heben ab. Die einbrechende Dämmerung und mein schläfriger Zustand führen dazu, dass ich sofort einschlafe. Ich nehme erst wieder die Landung in der wichtigsten Stadt Ostboliviens wahr. Dieser Zwischenstopp in Santa Cruz dient zum Auftanken der Maschine für den Weiterflug nach Sao Paolo.
Während des weiteren Flugverlaufs schwankt das Kleinflugzeug stark hin und her. Das Flugzeug wirkt so unkontrolliert, dass ich zwischendurch Angst habe abzustürzen. Habe ich Angst vor dem Sterben? Nein, ich fühle keine Furcht mehr vor dem Tod. Sind meine Freunde vorausgegangen, dann kann ich nun auch nachfolgen.

Der erste klare Augenblick, den ich im Flugzeug erlebe, ist der morgendliche Anflug auf Sao Paolo, die größte Stadt Brasiliens. Die Aussicht aus dem Flugzeug ist unbeschreiblich schön. Ich kann den Moment oberhalb der Megastadt richtig genießen.

Ich denke an die Reiseziele, die wir vor dem Unfall geplant haben. Helmut und Esther wollten uns in La Paz/Bolivien verlassen. Sie waren insgesamt sehr fasziniert von Peru und konnten ihren Urlaub genießen. Wir tauschten vielseitige Erfahrungen mit ihnen aus, fühlten uns stark in der „neuen Heimat" und versuchten unseren Horizont immer wieder ein wenig zu erweitern. Helmut war während dieser gemeinsam verbrachten Zeit ein wirklich guter Freund für mich geworden. Seine Lockerheit, Spontanität und Neugierde waren die ideale Ausrüstung für diese Reise. Seine lockere Art tat auch der Beziehung zwischen Barbara und mir sehr gut. Esther aber fühlte sich, besonders wegen des fehlenden europäischen Standards, in diesem Land nicht immer ganz wohl. Doch sie war bemüht, die im Vergleich zu Südtirol wenig entwickelten Strukturen des peruanischen Landes anzunehmen. Beispielsweise ignorierte sie den Dreck am Strand von Pisco einfach und ging trotz des kalten Pazifikwassers mit uns baden. Auch die langen Busfahrten überschritten die Toleranzgrenze von Esther nur selten. Einzig und allein ihre Impulsivität war ein Grund, der manchmal zu Streitigkeiten zwischen uns vieren führte. Insgesamt bewältigte sie die Reise auf ihre eigene Art und konnte besonders mit Barbara viel lachen.

Zu unseren gemeinsamen Höhepunkten gehörte neben den täglichen Ausflügen das gemeinsame „*Watten*" und das nächtliche Zusammensitzen. Bei einem dieser gemeinsamen Abende habe ich Helmut auch für das peruanische Schwarzbier „Cusqueña" begeistern können.

Barbara und ich wollten noch andere südamerikanische Länder bereisen, bevor es zurück nach Quito und am 10. Mai nach Hause gehen sollte.

Nun bin ich in Brasilien. Ironie des Schicksals? Wir landen auf dem internationalen Flughafen von Sao Paolo. Von der Landebahn bis zur Maschine, die mich nach München bringen wird, dauert die Fahrtzeit mehr als 30 Minuten. Ich sitze in einem Kleinbus und stelle mir gerade vor, wie groß dieser Flughafen ist. Sobald wir den richtigen Terminal erreichen, werde ich sogleich in einen Rollstuhl gesetzt und in die Eingangshalle gebracht.

Die Bediensteten des Flughafenrettungsdienstes übergeben mich einer Dame, die auf uns zukommt und sagt:

„Mein Name ist Veronika. Ich arbeite bei der Versicherungsanstalt Hanse Merkur und werde dich auf der Rückreise begleiten."

Barbara und ich haben mit dieser Versicherung vor Antritt des Fluges im Innsbrucker Reisebüro einen Vertrag abgeschlossen. Auf Anraten meiner Mutter haben wir dabei das vollständige Angebot angenommen.

Zusammen mit Veronika betrete ich die Flughafenlounge. Anstelle des Rollstuhls habe ich von Veronika Krücken bekommen. Während ich es mir auf der vornehmen Couch bequem mache, spricht sie:

„Aaron, ich bin von Beruf Psychologin und ich möchte, dass du mir von deinen Erlebnissen in Peru erzählst."

Ich blicke die Dame verwundert an. Was soll ich erzählen? Sie wird nicht ohne Vorab-Information von München nach Sao Paolo gereist sein.

Trotz meiner Verwunderung versuche ich in Kurzform die wichtigsten Details wiederzugeben:

„Wir sind durch Peru gereist. Während der Nachtfahrt von Arequipa nach Cusco kam es zu einem Zusammenstoß zweier Doppeldecker. Viele Menschen sind gestorben. Barbara, meine Freundin, Esther, ihre Schwester, und deren Freund Helmut sind auch tot. Ich habe den Unfall verletzt überlebt. Wir wollten noch weiterreisen."

Eine Zeit des Schweigens vergeht. Das Wissen, den langen Rückflug nicht alleine bewältigen zu müssen, gibt mir

Kraft. Wir besteigen das Flugzeug und bewegen uns behutsam zu den Sitzplätzen im vorderen Teil des Flugzeugs. Mein rechtes Bein wurde im Krankenhaus von Arequipa komplett eingegipst. Ich spüre keinen Schmerz, obwohl mir bewusst ist, dass meine Kniescheibe stark beschädigt ist. Wahrscheinlich ist es die Wirkung der Schmerztabletten, die mir die Lage erträglich machen. Beim Gespräch mit Veronika sagt sie zu diesem Thema:
„Es ist deine Psyche, die dir bislang beigestanden ist ... sie gibt deine Situation durch den Schockzustand betäubt wieder ... Viele Momente wirst du aus einer Perspektive erleben, bei der du von außen auf dich schaust. Das heißt, du fühlst dich nicht in deinem Körper.
Deine emotionalen Schwankungen gehören auch zu diesem Verarbeitungsprozess. Sobald du verstehst, dass dein psychisches Gesamtbild mit jenem von Personen, die ähnliche Schicksalsschläge erlebt haben, vergleichbar ist, kann ein ungemeiner Lernprozess beginnen. Vorher unbekannte Gefühle werden zu vertrauten Gefühlen und bekannten Empfindungen, die dich durchs künftige Leben begleiten. Lass dir Zeit! Erinnere dich an deine Gefühle.“
Ich höre der Dame aufmerksam zu und frage dann:
„Ist es wirklich möglich, dass der Verstand dem Körper eine Geschichte vorlügt, damit er besser damit zurechtkommt?“
„Aaron, du kannst den Verstand nicht getrennt vom Körper betrachten. Alles bildet eine Einheit. Die Situation, die du mir beschrieben hast, ist Teil einer Schutzfunktion des Gehirns. Du dachtest, Barbara, Esther und Helmut seien nicht im selben Bus wie du gewesen. Bist du nicht froh darüber, dass dir dieser Gedanke vorübergehend von deinem Verstand vorgespielt wurde?“
„Ja“, antworte ich beeindruckt.

Als ich nach einem längeren Schlaf erwache, ist der Flug bereits weit fortgeschritten. Das Frühstück wird von der Stewardess verteilt, während wir uns ungefähr 10.000 Meter

über der italienischen Hauptstadt befinden. Das Essen ist ausgesprochen köstlich. Während der ersten Worte mit Veronika macht sie mich auf etwas aufmerksam:
„Der brasilianische Fußballspieler Giovane Elber sitzt auch in dieser Maschine."
Ich erinnere mich an die Zeit, als er für den FC Bayern spielte. Die Psychologin der Versicherungsanstalt besorgt mir ein Autogramm. Als Zeichen der Dankbarkeit lächle ich in Richtung von Veronika, aber ich freue mich nicht besonders über diese Unterschrift. Ich stecke den Zettel in meine Hosentasche und warte nur mehr, dass wir endlich in München ankommen.
Sobald wir zur Landung ansetzen, schaue ich aus dem Fenster und bemerke weiße Flocken in der Luft und ein intensiver Gefühlsmoment folgt dem nächsten. Seit mehreren Monaten habe ich keinen Schnee mehr gesehen.

Schon wenige Augenblicke später erblicke ich in der Empfangshalle meine Freunde Tobias und Cristian. Anschließend steht auch meine Schwester Marina vor mir. Ihnen fehlen die Worte. Ich bemerke, wie unangenehm die Situation für sie ist, und versuche die Kommunikation zu erleichtern. Mit allen Mitteln probiere ich mit den Jungs so wie früher zu reden:
„Hey, Tobi, Trocky ... long isch's her!"
Leider bleibt mir der Wunsch nach einem ungezwungenen Gespräch verwehrt. Zwischen mir und meinen Freunden baut sich eine Mauer auf, die fortan zwischen uns steht. Ich glaube, dass der Grund dafür die lange Zeit der Trennung und die schrecklichen Ereignisse in Peru sind. Ich sehe ihre ratlosen Gesichter, ihre ausdruckslose Mimik. Trotz allem spüre ich: Sie sind für mich da.
Meine Schwester spricht kurz mit Veronika, worauf sich die Psychologin verabschiedet. Der Rollstuhl, auf dem ich seit der Landung sitze, wird jetzt von Marina in Richtung Ausgang geschoben. Während wir alle beobachten, wie stark das Schneetreiben ist, begleiten mich meine Schwes-

ter, Cristian und Tobias aus dem Gebäude. Angesichts des vielen Schnees sagt Cristian:
„Wir müssen sehr langsam zurückfahren."

Vor dem Eingang steht der Rettungswagen bereit, der mich nach Brixen bringen wird. Cristian ist mit seinem eigenen Auto nach München gekommen und wird zusammen mit Tobias die Rückreise bestreiten. Meine Schwester begleitet mich im Rettungswagen.
Ich bin desorientiert. Marina bemerkt das und sagt:
„Heute ist Dienstag, der 17 Februar."
Und nach dem Blick auf die Uhr:
„Es ist halb sieben am Morgen."
Nach kurzer Zeit bemerke ich, wie mühsam es ist, der Situation angepasste Gespräche zu finden. Marina versucht über das Geschehene den Kontakt zu mir herzustellen:
„Wie hast du den Unfall erlebt? Ich meine … an was kannst du dich erinnern?"
„Ich habe gar nichts mitbekommen. Erst als ich zurück nach Arequipa gebracht wurde, sind erste Erinnerungen an den Unfallhergang erwacht."
Sie zeigt mir den Text, den ich über das Kondolenzbuch von stol.it veröffentlicht habe. Durch die Zusammenarbeit dieses Internetportals mit der Tageszeitung „Dolomiten" wurde es ermöglicht, dass der Inhalt auch in gedruckter Form erschienen ist. Nun versuche ich Marina mit der gleichen Offenheit zu begegnen. Sie hingegen berichtet mir lieber über die Freunde, die sich nach Bekanntgabe der Tragödie daheim versammelt haben:
„Tobi, Piet, Trocky, Mantsch, Hannes, Damu, Jony von deinen Jungs und Vera und Hanna von den Mädels waren oft bei uns."
Nach einer kurzen Pause.
„Vor wenigen Tagen tauchten im Garten Journalisten auf und stellten alle möglichen Fragen über dich und den Unfall. Wir waren sehr erschrocken … wussten kaum, wie reagieren."

Während mich Marina mit großer Geduld auf den aktuellsten Stand bringt, bemerke ich, dass ich große Konzentrationsprobleme habe. Mindestens die Hälfte des Gehörten ist bereits wieder verschwunden. **Gleitend, wie der Sand am Meer durch die Hände rieselt, verschwinden die neuesten Informationen im Sog der Gleichgültigkeit.** Das Handeln der Medienvertreter bildet den Angelpunkt meiner desinteressierten Haltung. Ich kann es einfach nicht begreifen, weshalb sich diese Menschen in unsere Angelegenheiten einmischen. Ich muss fast lachen, als Marina behauptet:
„Die Journalisten werden vor dem Krankenhaus auf dich warten.“

SÜDTIROL

17.02.2009

Nach einer weiteren Stunde Fahrt erreichen wir gegen 11.30 Uhr das Ziel. Dort angekommen, bestätigt sich, dass meine Schwester Recht hatte. Sogleich werde ich an den Reportern vorbei ins Krankenhaus geschoben. Auch die Schlange im Wartesaal haben wir hinter uns gelassen, als der Weg im Untersuchungsraum endet.
Beim ersten Zusammentreffen mit dem Facharzt der Unfallchirurgie erlebe ich, wie er meinen körperlichen Zustand analysiert. Er erklärt mir nach dem Röntgen:
„Deine rechte Kniescheibe ist stark zertrümmert und muss so schnell wie möglich operiert werden. Die Wunde im Gesicht wurde von den peruanischen Ärzten gut zusammengenäht, aber der lange Flug mit geschlossenem Gips war eine äußerst gewagte Handlung.“
Nach dem Gutachten werde ich auf einen Rollstuhl gehoben und in den ersten Stock der Traumatologie bis ans Ende des Ganges gefahren. Dort bekomme ich ein Kran-

kenzimmer, in dem ich die nächsten Tage verbringen muss. Nun liege ich zwar abermals im Krankenhaus, doch diesmal erlebe ich die vollste Unterstützung meiner Freunde und Familie. Mein Operationstermin beim Facharzt steht unmittelbar bevor. Zusammen mit Marina, Cristian und Tobias verbringe ich die ersten Stunden im Zimmer. Danach kommen noch Peter und Manuel dazu. Unsere Gespräche, die von einem vorsichtigen Herantasten geprägt sind, setzen wir so lange fort, bis am späten Nachmittag der Abteilungsleiter den Raum betritt und mit ruhiger Stimme spricht:
„Wir müssen uns auf den Weg zum Operationssaal machen, da nun für den Eingriff alles bereitsteht.“
Neben einer Krankenpflegerin begleitet mich auch mein Freund Tobias. Mit dem Aufzug gelangen wir in die unteren Stockwerke der Traumatologie. Hier warten wir vor dem Eingang zum Operationssaal. Tobias und ich erleben noch viele gemeinsame Minuten, bis uns ein Arzt die Tür öffnet. Es ist so weit. Ich werde in den Operationssaal geschoben.
Tobias kehrt zurück zu den anderen Jungs. Peter, Manuel, Cristian und meine Schwester sind noch im Krankenhaus. Im Operationssaal sehe ich erneut den für die Operation zuständigen Facharzt. Ich begrüße ihn voller Hoffnung im Hinblick auf eine rasche und erfolgreiche Operation. Aber seit den Erlebnissen in Peru kenne ich keine Angst mehr. Meine absolute Furchtlosigkeit vor dem Eingriff ist ein Indiz dafür. Nachdem der Narkosearzt mir das Schlafmittel verabreicht hat, falle ich in einen tiefen Schlaf.

Nach sechs Stunden komme ich zu mir. Ich erfahre, dass die Operation trotz des komplexen Trümmerbruches gut verlaufen ist. Ich bedanke mich beim Ärzteteam.

Meine Schwester Marina und meine Freunde haben während der gesamten Dauer der Operation auf mich gewartet. Sie leisten Einzigartiges. Wir verbringen noch ein wenig

Zeit miteinander, obwohl ich aufgrund des schweren Eingriffes sehr müde bin.
Aus meinem operierten Knie führt ein dünner Schlauch heraus, aus dem Flüssigkeit abfließen kann. Ich lege die Decke darüber, damit ich nicht ständig an den Eingriff erinnert werde.
In diesem Moment betritt meine Mutter das Zimmer. Ich sehe sie zum ersten Mal seit dem Antritt meiner Südamerikareise wieder. Das Aussehen meiner Mutter hat sich in den wenigen Monaten stark verändert. In welchem Tief des Lebens sind wir beide denn angekommen? Meine Mutter ist aufgrund einer erst kürzlich überstandenen Chemotherapie noch sehr schwach und darf sich mir kaum nähern. Nach einer anfänglichen Konversation, die ich als belastend empfinde, teilt mir meine Mutter mit:
„Ich schlafe diese Nacht hier im freien Bett neben dir, Aaron … so kann ich mich um dich kümmern."
Diese Aussage muss ich erst mal verdauen. Vor wenigen Tagen bin ich noch mit Barbara, Esther und Helmut durch ein abenteuerliches Land gereist und konnte tun und lassen, was ich wollte. Jetzt schlägt meine Mutter vor, neben mir zu schlafen.
Auch wenn ich mich ihr gegenüber nicht so verhalten möchte, reagiere ich ziemlich aggressiv. Das Fehlen ihrer Kopfhaare lässt mich immer verbitterter werden. Aus diesem Grund schaue ich zu meiner Mutter und sage in einem fordernden Ton:
„Kannst du dir ein Tuch aufsetzen?" Kurz darauf schließe ich meine Augen. Meine erste Nacht in Südtirol habe ich mir vor einigen Wochen noch anders vorgestellt.

Am nächsten Morgen erwache ich mit starken Schmerzen im Knie. Unmittelbar darauf drücke ich den Knopf, der sich oberhalb meines Kopfes an einer Stange befindet, damit ich die Krankenschwester bitten kann mir ein starkes Schmerzmittel zu bringen.

Heute wird im Krankenhaus eine Messe für Barbara, Helmut und Esther gelesen, doch ich kann aufgrund der Verletzung nicht teilnehmen. Den Morgen verbringe ich abermals mit meinen engsten Freunden, Marina und diesmal auch mit meinem Vater.
Im Laufe des Tages kommen mich immer mehr Freunde, Bekannte und Verwandte besuchen. Angeblich hat die italienische Tageszeitung meine Zimmernummer veröffentlicht.
Der Tag vergeht. Ich höre den Besuchern zu, erzähle selbst von Peru oder schalte meinen Kopf einfach ab.

Nach der Trauerfeier kommen die Eltern von Barbara und Esther zu mir. Als Marianna und Peter vor mir stehen, zucke ich ein wenig zusammen. Meine größte Hoffnung, keine vorwurfsvollen Aussagen von ihnen zu hören, geht zwar in Erfüllung, dennoch bereitet mir ihr schockerfüllter Zustand Sorgen. Sie sehen mitgenommen aus und sprechen ruhig:
„Aaron erzähl uns … Was ist in Peru passiert?“
Nach den ersten Worten spüre ich ihre Sorge um mich.
„Du siehst nicht gut aus … solltest mehr essen … bist sehr blass …“, sagt Marianna leise.
Die gegenwärtige Situation ist für uns alle schwer auszuhalten und die langfristige Auswirkung des Geschehenen kann keiner abschätzen. Die Eltern von Barbara machen mir keine Vorwürfe und ich kann ohne Bedenken erzählen:
„Die letzen Tage in Peru waren super und der letzte Augenblick im Bus einer der schönsten. Wir waren alle so gut gelaunt. Und dann … war alles vorbei. Ich hatte solche Angst, euch wiederzusehen … dachte, ihr werdet mich beschimpfen.“
„Aaron dich trifft keine Schuld. Mach dir keine Gedanken. Wir sind dir nicht böse“, antwortet Peter sehr überzeugend.
„Marianna, ich muss unbedingt am Begräbnis teilnehmen. Egal, ob mein Bein das schafft oder nicht. Meinst du das geht?“

„Wir werden das schon organisieren. Kommst du nach dem Krankenhausaufenthalt zu uns, um Fotos anzuschauen und von unseren Kindern zu erzählen?“
„Logisch. Das mach ich“, antworte ich hastig.

Nachdem wir ein erstes Treffen bei ihnen vereinbart haben, verlassen sie mich. Ihre Reaktionen und Aussagen lassen mich erkennen, dass sie unglaublich starke und gläubige Menschen sind. Ich habe das Gefühl, dass diese ihre Eigenschaften mir in diesem Moment Kraft gegeben haben.

Nur wenig später treten die Villanderer Mädels in mein Zimmer. Es sind die Freundinnen von Esther und Barbara. Die ersten Minuten mit ihnen sind von Schweigen geprägt. Doch bald entwickelt sich ein gutes Gespräch, das sehr wertvoll für mich ist. Ich fühle, dass sich mein Gemütszustand in der Umgebung der vielen lieben Mädels verbessert. Claudia, Carmen, Bettina, Katharina und Daniela sind aufgrund des schrecklichen Todesfalls von Helmut, Esther und Barbara, ebenso wie ich in tiefer Trauer.
Bisher habe ich kaum darüber nachgedacht, wie viele Menschen leiden müssen. Meine Ich-Perspektive hat mich das nicht erkennen lassen. Dabei sind wir viele wehklagende Personen, die von diesem großen Schmerz in einen Sog hinuntergezogen wurden. In diesem Augenblick jedoch fühlen wir uns verbunden und ich bin froh darüber, dass sich die Mädels interessiert zeigen für die Momente, die Helmut, Esther, Barbara und ich in Peru erlebt haben. Meine Worte bewegen die Herzen der Mädchen, da ich mit all meiner Liebe für Barbara, Esther und Helmut erzähle.
Das tut uns allen gut.
„Helmut war supergut drauf. Barbara froh, bei ihrer Schwester zu sein. Esther überraschend locker. Ich war ein wenig skeptisch, was die gemeinsame Reise anging. Doch mit der Zeit hat sich alles gut entwickelt ... Wir hatten viel Spaß.“

Der Gedanke an Menschen, das Reden über Menschen, die uns vorausgegangen sind, erhält sie lebendig.
Beim Verabschieden schenke ich den Mädels jeweils eines der Bändchen, die Barbara und ich angefertigt haben. Diese zeigen sich erfreut und wollen auch in Zukunft viele Gelegenheiten nutzen, um Helmut, Barbara und Esther durch Erzählungen in Erinnerung zu behalten und ihnen nahe zu sein. Sie wollen mich bald wieder besuchen kommen. Ich bin froh, sie bald wiederzusehen.
Nachdem die Mädels gegangen sind, kommt Harald mit seiner Freundin zu mir. Nach dem Bekanntwerden des Unfalles ist sie jeden Tag von ihrer Heimatstadt Bruneck nach Villanders gefahren, um meine Familie zu besuchen. Gerade erzählt Harald von seiner Rückreise. Nach einer kurzen Pause äußert er sich mir gegenüber kritisch und gleichzeitig amüsant:
„Du musst mehr essen ... daheim werden wir in den Kraftraum gehen und wieder einen Mann aus dir machen.“
Abermals muss ich hören, wie besorgniserregend mein körperlicher Zustand auf meine Mitmenschen wirkt.
Während unseres kurzen Gesprächs klopft es an die Tür. Ein großer Mann in dunkler Kleidung öffnet die Tür und tritt langsam in den Raum. Er begrüßt uns:
„Hallo. Ich würde gerne kurz mit Aaron sprechen.“
„Hallo, ja gerne. Wir werden euch alleine lassen. Tschüss Aaron. Bis später.“
Harald und seine Freundin verabschieden sich und verlassen mein Krankenzimmer.
Aus nächster Nähe erkenne ich den bislang unbekannten Mann. Es ist der Pfarrer Artur Schmitt, den ich zusammen mit Barbara wenige Wochen vor unserer Abreise im Kloster Neustift getroffen habe. Er spricht langsam und bestimmt:
„Hallo Aaron. Wir haben uns ja bereits kennengelernt.“
Wir reden eine ganze Weile miteinander, bevor er sich wieder verabschiedet und geht.

Textpassage von Artur Schmitt:

BEI AARON IM KRANKENHAUS

Heute kann ich Aaron endlich besuchen. Obwohl ich ihn kaum kenne, haben er und die Ereignisse in Peru in der vergangenen Woche mein Leben dominiert. Vor etwa einem halben Jahr hat er mich gemeinsam mit seiner Freundin Barbara in Neustift besucht. Sie wollten mit mir über Südamerika reden. Da ich selbst fast zwei Jahre in Brasilien gelebt habe, erhofften sie sich von mir einige Tipps und Informationen über diesen Teil der Welt. Ich kann mich noch sehr gut an das Gespräch mit ihnen erinnern. Es fand in meinem Büro im Bildungshaus statt. Zwei junge Menschen voller Tatendrang und Neugierde saßen mir damals gegenüber. Auch ihre innige Beziehung zueinander war auffallend. Obwohl sie schon über zwei Jahre „zusammen" waren, was für Menschen in ihrem Alter wohl eine kleine Ewigkeit ist, spürte ich immer noch eine starke Verliebtheit der beiden. Viel konnte ich ihnen nicht sagen. Brasilien und Ecuador sind zwei völlig unterschiedliche Länder. Das wäre so ähnlich, als wenn wir jemanden, der einige Zeit in Frankreich gelebt hat, danach fragen würden, wie es in Deutschland ist. Auf jeden Fall habe ich sie zu ihrer Reise ermutigt. Direkt schießt mir die Frage durch den Kopf, ob ich in irgendeiner Weise eine Mitverantwortung an den schrecklichen Ereignissen in Peru trage? Eine Verantwortung für den Unfall wohl kaum, aber eine Verantwortung für Aaron und die Familienangehörigen von Barbara, Esther und Helmut sehr wohl!

Seit gestern ist Aaron im Brixner Krankenhaus. Marianna, die Mutter von Barbara und Esther, hat mir seine Zimmernummer gegeben. Vor der Tür seines Krankenzimmers angekommen, lese ich ein Schild, dass Aaron keine Besuche wünscht und dass sich alle die ihn sehen und sprechen wollen zunächst beim Pflegepersonal melden müssen. Deshalb gehe ich zunächst zu einer Krankenschwester und will mich vorstellen, doch sie kennt mich schon und gibt mir direkt die Erlaubnis, Aarons Zimmer zu betreten.

Artur: *„Hallo Aaron. Wir haben uns ja bereits kennengelernt."*

Aarons Bruder und dessen Freundin sind auch im Raum. Nach einem kurzen Gruß verabschieden sie sich von Aaron und verlassen das Zimmer. Jetzt sind wir alleine.

Aaron: *„Hallo Herr Artur."*
Artur: *„Es sind jetzt ein paar Monate vergangen, seitdem wir uns das letzte Mal gesehen haben. In dieser Zeit ist viel geschehen. Ich spare mir jetzt die Frage danach, wie es dir geht! Möchtest du mir von den letzten Tagen erzählen? Ich weiß nicht, ob dir das auf die Nerven geht oder ob du der Meinung bist, dass es dir gut tut?"*
Aaron: *„Das Reden hilft mir. Ich habe die Geschichte schon öfters erzählt und festgestellt, dass es mir danach besser geht."*

Aaron erzählt mir von den Ereignissen der vergangenen Wochen. Angefangen von ihrem Aufenthalt in Ecuador, über die schrecklichen Ereignisse in Peru, bis zu seiner Rückkehr nach Südtirol. Die meiste Zeit sitze ich einfach da und höre zu. Nur wenn mir etwas ganz unklar erscheint, stelle ich ihm eine Frage. Langsam merke ich, dass Aaron müde wird, und beschließe in den nächsten Tagen wieder bei ihm vorbeizuschauen.

Artur: *„Ich glaube, ich werde dich jetzt alleine lassen. Wir werden uns in Zukunft wohl öfters sehen! Mach's gut!" //*

Nach dem Besuch von Pfarrer Artur kommen Tobias und Peter in mein Zimmer. Beide studieren in Graz und können aufgrund ihrer Semesterferien einige Zeit mit mir verbrin-

gen; deshalb haben sie kurzerhand beschlossen, die folgenden beiden Nächte abwechslungsweise bei mir zu bleiben. Tobias macht sich gerade für seine Nacht im Krankenhaus bereit, versucht die Situation durch interessante Erzählungen von seinem Leben in Graz aufzulockern und legt sich auf sein Bett.
Der heutige Tag war, trotz seiner hoffnungsschenkenden Gespräche, dennoch ziemlich belastend für mich und ich fühle eine große Kraftlosigkeit. Sie bewirkt, dass ich die gerade von Tobias gestellte Frage nicht mehr beantworten kann, sondern unmittelbar einschlafe. Einige Stunden später erwache ich durch ein Geräusch und habe ein zugleich erschreckendes und lustiges Erlebnis. Auslöser dafür ist Tobias, der mitten in der Nacht aufspringt und mit einer verängstigten Stimme mehrmals fragt:
„*Wer ist da?*"
Ich nehme einen Lichtstrahl wahr, der sich im Raum bewegt. Ich blicke zu Tobias und merke ihm seine Beunruhigung deutlich an.
„*Ein Einbrecher?*", möchte er wissen.
Wenige Sekunden später stellt sich heraus, dass eine Krankenschwester gerade ihre nächtliche Kontrolle durchführt. Nach dieser Feststellung muss ich lautstark lachen. Mit einem flüchtigen Grinsen im Gesicht und der Idee, den Jungs morgen davon zu berichten, schlafe ich erneut ein.

ZEITLOS

Die Stunden und Tage vergehen. Neben meinem engeren Freundeskreis kommen auch Freunde von Harald und Marina auf Besuch. Ein Beispiel hierfür sind Andreas und seine Freundin Verena. Sie ist Chefredakteurin der Zeitschrift Panorama und hat einige organisatorische Aufgaben in meinem Fall übernommen. Außerdem kommen mich Esther, eine ehemalige Schulfreundin aus Teis, und meine Studienkollegen Thomas und Lukas aus Olang besuchen. Ich habe keine Angst, diese unterschiedlichen Begegnungen zu bewältigen, da mir meine Mitmenschen viel Kraft geben. Doch was mag danach kommen? Über unsere Reise kann ich zwar berichten, aber meine Erinnerung kann ich mit niemandem teilen.

Je mehr Menschen mich besuchen kommen, desto stärker wird das automatische Abspielen sich wiederholender Wortfolgen.

Neben meinen Freunden und meiner Familie, die das Ziel verfolgen, mich moralisch zu unterstützten, suchen auch einige Journalisten den Weg in mein Zimmer. Ich habe jedoch bereits vorab entschieden, keinem ein Interview zu geben. Das Geschehene ist unfassbar und ich kann es unmöglich in Worten beschreiben. Außerdem möchte ich Spekulationen und Gerüchte, die durch ein falsches Auffassen meiner Aussagen entstehen könnten, vermeiden.

Vera, eine Freundin aus Klausen, hat viele Zeitungsartikel über den Unfall gesammelt und mir ins Krankenhaus gebracht. Ich lese die Artikel aufmerksam durch und bemerke dabei, dass sich ein gewisser Zorn in mir breit macht. Das Geschriebene beinhaltet Fehler, verwechselt Namen und verdreht Tatsachen. Da die Journalisten erst einige Tage nach dem Unfall unsere Reise einigermaßen richtig wiedergegeben haben, schließe ich daraus, dass sie sicher unter großem Zeitdruck gearbeitet haben und dies hat wohl eine sorgfältige Recherche unmöglich gemacht. Gute Schreibarbeit benötigt in der Regel eine gewisse Zeit.

Die Erfahrung, die ich mit den lokalen Medien sammle, ermöglicht es mir, über den Tellerrand zu schauen. Auf der ganzen Welt besitzen Printmedien, Fernsehen sowie Internet eine ungeheuere Macht, die bei der Übermittlung von diversen Nachrichten einfach ausgenutzt werden kann. Das Beleuchten von Tatsachen aus einem bestimmten Blickwinkel oder fehlende Inhalte führen zu einseitigen Berichten oder Falschmeldungen. Und wir Leser, Seher und Hörer nehmen das Gelesene meist für bare Münze.
Ich ermüde und möchte nur noch schlafen, meine Gedanken abschalten. Ich schließe meine Augen.
Mein persönlicher innerer Kampf drückt meine Stimmung zu Boden. Ich soll „Ja" zu einem Leben sagen, das ich mir nach so langer gemeinsamer Zeit mit meiner Freundin Barbara ohne sie gar nicht mehr vorstellen kann. Zudem muss ich mich auf mein Wohlergehen konzentrieren, obwohl ich eigentlich für andere Menschen da sein möchte. Meine Familie hat mich trotz ihrer Einwände nach Südamerika gehen lassen. Wird nun jeder Einzelne diese Entscheidung bereuen? Mit diesem Gedankenwirrwarr schlafe ich ein.

Samstag Früh bringt Hannes, ein Freund aus Klausen, seine Play Station mit ins Zimmer. Peter, Tobias, Manuel, Daniel und Cristian sind auch anwesend. Wir spielen die „Olympia Wintergames" und schauen anschließend die Komödie „Leg dich nicht mit Zohan an". In diesem Film spielt Adam Sandler einen mit übermenschlichen Kräften ausgestatteten Anti-Terror-Soldaten. Mehrmals bringen mich die albernen Sprüche und übertriebenen Handlungen des Darstellers zum Lachen. Ich bin meinen Freunden für diese Momente der Ablenkung dankbar.
Mit kleinen Schritten lerne ich die neue und urplötzlich in mein Leben getretene Situation näher kennen. Auch wenn ich das unerklärbare Geschehen nicht für wahr halten kann, weiß ich bereits jetzt, dass jede Sekunde, die mit positiver Energie geladen ist, äußerst wertvoll ist. Falls

ich diese Zeit summieren könnte, bestünde eine geringe Chance, die bisherigen Gefühle, die von tiefer Trauer und von Schmerz gekennzeichnet sind, zu bekämpfen. Doch in diesem Augenblick bin ich meilenweit davon entfernt. Ohne eine zwischenzeitliche Freude kann ich die erdrückende Last, die besonders durch den Verlust meiner Freundin zustandegekommen ist, kaum ertragen. Auch die Bekannten, die mich besuchen kommen, teilen mit mir diese Sichtweise und versuchen mich daher irgendwie aufzuheitern. Daneben erfahre ich vom Bürgermeister aus Villanders persönlich:
„Die Beerdigung von Helmut, Esther und Barbara wird am Montag stattfinden ... es hat ziemlich lange gedauert, bis die Särge erst nach Mailand und dann nach Südtirol transportiert werden konnten. Ab dem heutigen Tag sind sie in der Kirche von Villanders aufgebahrt."

Damit ich an der Beerdigung teilnehmen kann, kommt meine gesamte Familie am Sonntagmorgen in mein Zimmer, um mich für die Heimreise vorzubereiten.
Harald hat sein Auto bereits vor dem Krankenhaus abgestellt. Mit Hilfe der Krücken mache ich mich auf den Weg dorthin. Sobald ich im Auto sitze, dreht mein Bruder den Zündschlüssel, löst die Handbremse, drückt die Kupplung, legt den ersten Gang ein und fährt los. Doch bereits nach einigen hundert Metern hält er wieder an. Fußgänger überqueren den Zebrastreifen. Ich bemerke erstaunt, wie verantwortungsvoll die Verkehrsteilnehmer hier sind. Während der weiteren Fahrt vergleiche ich die infrastrukturelle Ausstattung der Straßen von Südtirol mit jener der mir bekannten Andenländer. Mein Bruder bemerkt das und fragt schmunzelnd:
„Aaron, kennst du deine Heimat?"
Wir müssen alle kurz lachen. Nachdem wir in Richtung Villanders eingebogen sind, erblicke ich unser Haus. Es wurde erst vor wenigen Jahren erbaut und steht direkt hinter der Grenze zu Klausen. In der Garage verlassen

meine Geschwister und ich das Auto. Obwohl ich auf den Krücken nur schwer vorwärtskomme, erreiche ich nach einigen Minuten die Wohnungstür meiner Eltern. Sie ist mit einem Plakat und Luftballons geschmückt. „Willkommen daheim Aaron“ steht dort mit Wasserfarben geschrieben. Ein Geschoss höher liegt die Wohnung von Marina. Dort leben wir gemeinsam. Ich stehe gerade in unserem Wohnzimmer, als meine Schwester den Raum betritt und kurz erklärt: *„Markus und ich schlafen nun in deinem ehemaligen Zimmer ... wir haben Zimmer getauscht ... geht das in Ordnung?“*
Für mich ist diese Neuerung unbedeutend, da ich wesentlich größeren Lebensumstellungen unterworfen bin. Beim Betreten meines neuen Zimmers erblicke ich sofort die vielen Bilder und Fotos, die meine Freunde vor einigen Tagen hier angebracht haben. Vor meinem Bett steht ein großer Schrank. Dort auf dem Spiegel hängen Fotos von den Jungs und mir. Glorreiche Zeiten. Ihre Aktion, mein Zimmer mit Fotos zu schmücken, soll mir das tägliche Aufstehen am Morgen erleichtern. Es soll mir zeigen, dass ich nicht alleine bin.
Auf einem anderen Plakat haben Freunde einen kurzen Text geschrieben. Ich werde ihn allerdings erst an einem anderen Tag durchlesen, da ich mich im Wohnzimmer wohler fühle.
Mit dem Gedanken, dass morgen die Beerdigung von Barbara, Esther und Helmut stattfindet, schlafe ich beunruhigt auf der Couch ein.

BEERDIGUNG

Es ist Montag, der 23. Februar, als ich wieder erwache. Ich gehe, nachdem ich das Frühstück verweigert habe, ins Bad, um mich herzurichten. Harald leiht mir einige Klei-

dungsstücke, da ich für die Beerdigung nicht das Passende habe. Ich stehe vor dem Spiegel; Marina steht neben mir. Ich erkläre ihr kurz:
„Ich möchte mein Haar offen tragen und so meine Locken betonen."

Ich wäre gerne ein Engel, der die Brücke zwischen Leben und Tod überwindet.
Die Erinnerung an die Worte von Tobias, ich solle mich an die schönen Momente erinnern, lassen mich an schöne Momente mit Barbara denken. Die Folge davon ist, dass ich Barbara so sehr vermisse, dass meine Arbeit im Bad durch ein Tränenmeer zerstört wird.
Jeder in meiner Familie bereitet sich für die Beerdigung vor. Mein Bruder Harald und ich sind zuvor noch zum Mittagessen bei der Familie von Helmut, meinem verstorbenen Freund, eingeladen. Harald und ich machen uns bereits am Vormittag auf den Weg nach Villanders. Als Erstes holen wir Marianna und Peter ab, die uns begleiten werden. Walter, der Schwager von Helmut, und seine Frau Christine begrüßen uns vor der Haustür. Beim Einlassen erblicken wir auch die andere Schwester von Helmut namens Monika und ihren Mann Peter. Ihre Kinder Julian, Petra und Kathrin sitzen bereits am Tisch. Alle stellen sich einzeln bei mir vor, da mir fast keiner von ihnen bekannt ist. Wir befinden uns alle in einem großen Esszimmer. Einige von uns trinken ein Glas Wein, bevor das Essen aufgetischt wird. Die Stimmung ist recht erdrückend, auch wenn niemand vom Vorfall spricht. Es kommt mir vor, als ob ich etwas sagen müsste, da mir die Situation so unwirklich erscheint. Bald glaube ich, mich spricht bewusst niemand zum schrecklichen Busunfall in Peru an. Die Familie Fink interessiert sich mehr für meine körperliche Verfassung und so fragt Rosmarie schließlich:
„Wie ist die Operation verlaufen?"
In diesem Moment betritt Pfarrer Artur die Wohnung. Wir essen alle zusammen und versuchen miteinander zu

reden. Doch die Stimmung ist äußerst gedrückt. Nach einem längeren Gespräch mit dem Chorherrn des Klosters Neustift schlägt es Viertel vor zwei, worauf wir zur Kirche aufbrechen müssen. Bevor wir losgehen, fassen wir uns an den Händen und sprechen miteinander ein kurzes Gebet. Harald und ich fahren mit dem Auto zum Parkplatz, der sich unmittelbar vor der Villanderer Pfarrkirche befindet. Beim Aussteigen erblicke ich zuerst Martin, einen Freund aus Villanders, der nach einem kurzen Gruß weitergeht. Im nächsten Moment kommt mir die Mutter meines Freundes Hannes entgegen, umarmt mich und beginnt zu weinen. Ich versuche stark zu bleiben. Auf den Krücken mache ich mich zusammen mit den anderen Angehörigen auf den Weg zur Kirche. Dort im Gotteshaus stellt Marianna rechts neben der ersten Reihe einen Stuhl für mich bereit. Aufgrund der Knieverletzung kann ich mich nicht in die Bankreihe setzen.

Die Kirche füllt sich immer mehr mit Menschen und um 14 Uhr beginnt das Rosenkranzgebet. Ich versuche dem Gebet zu folgen, doch der Gedanke, dass Barbara tot vor mir im Sarg liegt, zerstört meine Konzentration. Nach einer halben Stunde des Gedenkens eröffnet Ortspfarrer Konrad Morandell die Trauerfeier:

„Durch den Tod drei junger Menschen wurde in deren Familien und in unserer Dorfgemeinschaft ein großes Loch aufgerissen."

Neben Pfarrer Konrad Morandell stehen mehrere Priester wie Anton Mittelberger, Stefan Astner und Artur Schmitt am Altar. Jeder von ihnen hatte bereits beruflich mit der Pfarrei Villanders zu tun. Daneben erkenne ich Dekan Gottfried Fuchs, Pater Meinrad Gasser und Heinrich Kamelger. Sie alle nehmen mit ihren Worten an der Beerdigung teil, doch ich bin kaum in der Lage, dem Inhalt zu folgen, bis zu dem Augenblick, wo der groß gewachsene Pfarrer Artur am Rednerpult steht. Beim Hochsehen warte ich auf seine Worte und erlebe schließlich, wie er langsam und kraftvoll spricht:

Liebe Marianna und Peter, liebe Rosmarie und Walter, liebe Schwestern von Helmut, lieber Aaron, verehrte Trauergemeinde, liebe Schwestern und Brüder, wir glauben an und hoffen auf die Ewigkeit, auf das ewige Leben. Und doch können wir uns kaum etwas darunter vorstellen. Wir glauben und hoffen, dass Barbara, Esther und Helmut jetzt genau diese Ewigkeit kennen und dass sie in genau dieses ewige Leben eingegangen sind. Doch was heißt schon Ewigkeit? Was bedeutet im Angesicht des Todes dreier junger Menschen das Reden vom ewigen Leben?
Wenn wir uns unser eigenes Leben anschauen, dann können wir bereits eine Ahnung davon erhalten, was Ewigkeit bedeuten könnte. Einen Satz, den wir aussprechen, oder eine Handlung, die wir vollziehen, können nicht mehr ungeschehen gemacht werden. Etwas, was wir heute sagen, und etwas, was wir heute tun, das bleibt auch morgen noch als Vergangenheit bestehen. Mit Wörtern und Taten können wir uns bereits der Ewigkeit annähern. Auch wenn wir selbst vergänglich sind, wenn wir einmal sterben müssen, unsere Worte und Taten können höchstens vergessen werden, aber sie können nicht ungeschehen gemacht werden, sie bleiben.
Was wir jetzt von Worten und Taten allgemein gesagt haben, das gilt noch viel mehr von unseren Gefühlen. Das gilt in ganz besonderer Weise für das stärkste der Gefühle, für die Liebe. Liebe, die wir einmal verschenkt haben, und Liebe, die wir einmal geschenkt bekommen haben, bleiben auf ewig.
In diesen Tagen haben sich viele Menschen aus unserer Mitte gefragt, warum Liebe uns so leiden lässt. Wir trauern, wir empfinden Schmerz, weil wir Menschen gerngehabt haben, weil ihr – liebe Eltern, Angehörige und Freunde von Barbara, Esther und Helmut – diese drei geliebt habt und es immer noch tut. Ihr habt euch gefragt, ob es sich überhaupt lohnt, jemanden zu lieben, wenn diese Liebe nur Schmerz und Trauer verursacht.

Dass es sich lohnt, sagt uns die Botschaft des Kreuzes. Es war zwar möglich, den Menschen Jesus von Nazareth am Kreuz zu töten, aber aller Hass und alle Gewalt dieser Erde waren nicht in der Lage, seine Liebe zu den Menschen auszulöschen. Das ist doch eine, wenn nicht sogar die zentrale Botschaft des Kreuzes: Du kannst einen Menschen töten, aber du kannst die Liebe nicht umbringen.
Was wir hier über die Liebe Jesu zu uns gesagt haben, das gilt auch für unsere zwischenmenschliche Liebe. Menschen können sterben, aber die Liebe, die sie uns, die sie euch geschenkt haben, und die Liebe, die sie von euch empfangen haben, die können nicht sterben, die kann man nicht umbringen. In dieser Liebe finden wir eine Spur der Ewigkeit und damit eine Spur Gottes.
Liebe einmal verschenkt und Liebe einmal geschenkt können nicht sterben – sie bleiben ewig.

Diese Sätze lassen in mir ein intensives Verlangen nach Barbara aufkommen. Zugleich schießen Tränen in meine Augen. In dem Moment erhebt sich meine Mutter von der Bank, kommt auf mich zu und versucht mich zu trösten. **Liebe bleibt ewig.** Ich denke an diese Satzstelle und fühle, dass ich Barbara immer lieben werde. Beim Blick nach hinten erkenne ich, dass die Kirche bis zum letzten Platz dicht gefüllt ist. Die Freundinnen von Barbara und Esther tragen Texte und Fürbitten vor, Christine und Monika, Helmuts Schwestern, berichten von unserer gemeinsamen Reise. Zudem lesen sie die Weihnachtskarte vor, die Barbara und ich aus Ecuador geschickt haben. Der letzte Tag der Reise am Cruz del Condor spricht nun symbolhaft für unsere gemeinsamen Tage. Das Foto vom Kreuz mit dem Kondor dekoriert das Sterbebild, das ich gerade in meiner Hand halte. Ich frage mich, warum ich das alles ertragen muss.

Das Begräbnis wird im Hintergrund von einem besonders beeindruckenden musikalischen Rahmenprogramm gestaltet. Dies liegt wohl auch daran, dass Helmut und Esther

aktive Mitglieder der Musikkapelle waren. Außerdem hat Esther zusammen mit ihrer Schwester Barbara im Chor gesungen.
Die Trauerfeier ist gerade beendet, doch die Zeit, in der die Trauergemeinde ihr Beileid ausdrücken kann, beginnt gerade. Ich sitze immer noch auf dem Stuhl neben der ersten Reihe. Meine linke Hand bildet mittlerweile mit der Hand von Marianna eine feste Einheit, während die Rechte von unzähligen Menschen geschüttelt wird. Ich frage Marina, die hinter mir sitzt:
„Wie viele Menschen sind noch in der Kirche?“

Nach etwa 20 Minuten scheint mir diese Geste des Händeschüttelns, das ich als Zeichen des Mitgefühls von meinen Mitmenschen entgegennehme, nur mehr als eine lästige Pflicht. Endlich können auch wir die Kirche verlassen. Beim Auszug singt Sepp Baumgartner, ein Cousin von Esther und Barbara, das Lied „Fürchte dich nicht“. Er wird von Marion, einer ehemaligen Mitschülerin von Esther, auf der Orgel begleitet. Ich fühle mich ziemlich unsicher auf den Krücken und bemerke, wie die Menschen ihren Blick auf mich richten. Noch unbequemer sind die Fotografen, die mit ihrem Objektiv auf die Angehörigen zielen. In dem Moment versuche ich einen der Kameramänner geradewegs anzustarren, um in ihm ein Gefühl der Scham zu erwecken. Seine Professionalität steht ihm jedoch offensichtlich zur Seite, denn ich bemerke, dass mein Versuch erfolglos ist.
Am Friedhof angekommen, versucht Pfarrer Morandell die letzten tröstenden Worte zu finden. Es ist eine schwere Aufgabe, die er gut bewältigt.
Nach dem Begräbnis versammeln sich viele Trauernde im Vereinshaus von Villanders. Dort haben verschiedene Vereine wie der Katholische Familienverband, die Katholische Frauenbewegung und der Kirchenchor zusammen mit mehreren Freiwilligen eine warme Suppe für uns bereitgestellt. Meine Familie sitzt an einem großen Tisch. Die

Freundinnen der verstorbenen Schwestern befinden sich weiter hinten im Saal. Ich beschließe, mit ihnen zu reden:
„Ich hoffe unsere Freundschaft bleibt weiterhin bestehen."
Die Mädels versichern mir meinen Wunsch zu erfüllen, indem Bettina erwähnt:
„Wir werden uns in den nächsten Tagen alle treffen ... und hoffen, du bist auch dabei."
Mein Blick fällt auf Werner, der beste Freund von Helmut, sowie Manfred, Hannes und Alexander, sie sitzen in der Nähe.
Sobald ich wieder am Tisch bei meiner Familie bin, kommen die Schwestern von Helmut zu mir. Christine und Monika fragen mich:
„Aaron. Wir möchten mit dir ... sobald du dich dafür bereit fühlst ... über die letzten Tage unseres Bruders sprechen."
Da ich in den kommenden Wochen zeitlich sehr flexibel sein werde, erkläre ich mich jederzeit für ein Treffen bereit.
Wenig später fahren wir nach Hause.
Erst als ich alleine im Bett liege, verstehe ich: Heute ist meine Freundin begraben worden! Meine Gefühle erreichen ihren absoluten Tiefpunkt und haben eine zerstörerische Wirkung. Ich sehe keinen Ausweg, keine Hoffnung und fühle nur noch Schmerz.
Viele Menschen haben mir ihre Anteilnahme ausgedrückt, das hat gut getan. Doch in diesem Moment der Stille wird mir klar: Die Dinge können nicht ungeschehen gemacht werden. Wut, Verzweiflung und Hass halten sich gegenseitig die Waage. Ich vermisse Barbara so sehr; zu wissen, dass sie nie mehr vor mir stehen wird, dieser Gedanke ist unerträglich und kaum zu ertragen. Ich bin lediglich dankbar, bald einzuschlafen.

LEBEN?

Am nächsten Morgen werde ich wieder mit den harten Tatsachen konfrontiert. Wie ein geballter Faustschlag fühlt es sich an, sobald mein Gehirn in der Früh sagt; „Hallo, deine Freundin ist tot."

Der erste Gedanken beim Öffnen meiner Augen gehört Barbara. Erst als Marina mein Zimmer betritt, um mich zum Aufstehen aufzufordern, denke ich das erste Mal darüber nach, das Bett zu verlassen. Aber was soll ich den ganzen Tag machen? Ich suche meine Krücken und erhebe mich langsam. Auf der Suche nach einer Idee, wie ich mich heute beschäftigen könnte, verlasse ich mein Zimmer.

In der Küche steht das Frühstück bereit. Ich verspüre keinen Hunger. Mein Knie befindet sich in einem intensiven Heilungsprozess, aber es gibt für mich keinen Anlass, neuen Lebensmut zu entwickeln.

Meine Schwester bemüht sich sehr um mich. Über den Tag nutzt sie jede Gelegenheit, um bei mir zu sein. Sie hat mir ein Buch besorgt. Ich lese den Titel: **Wie soll ich ohne dich leben?** Zwar trifft dieser Satz genau meine gegenwärtige Lebenssituation, doch ich befürchte, das Lesen dieses Werkes treibt mich noch tiefer in die Traurigkeit. Ich verspüre den inneren Drang nach einer sinnvollen Tätigkeit.

Mein Vater kommt regelmäßig in den oberen Stock, um nachzusehen, was ich gerade tue. Ihm fehlen die Worte, aber dies hindert mich nicht daran, sein tiefes Mitgefühl zu spüren. Währenddessen sorgt sich meine Mutter um meinen körperlichen Zustand, da ihr klar ist, ich nehme trotz meines geringen Gewichts sehr wenig zu mir.

Heute möchte ich nur im Wohnzimmer bleiben. Der gestrige Tag zieht sich wie ein Strang durch mein geistiges Befinden. Die Bilder vom Grab sind sehr präsent. Ich sitze auf der Couch und bin im Teufelskreis der Verzweiflung gefangen. Als ich daran denke, wie die Psychologin im Flugzeug die wellenartigen Gefühlszustände erklärt hat, verstehe ich, dass ich gerade ganz unten angekommen bin.

„Aaron, Gedanken können nur durch Beschäftigung verdrängt werden. Nutze die Zeit.“ Auch wenn mein Körper gegenwärtig nur ein begrenztes Spektrum an Freizeitunterhaltungen zulässt, könnte ich meinen Kopf für diverse Aktivitäten einsetzen. Dazu kommt mir der Laptop zugute, den mir mein Vater während des Krankenhausaufenthaltes besorgt hat. Ich teste die Spiele durch, verliere aber nach kurzer Zeit das Interesse an dem oberflächlichen Zeitvertreib. Nun schalte ich den Fernseher ein. Meine Konzentrationsschwierigkeiten und die Tatsache, dass ich immer wieder Zusammenhänge mit dem Busunfall oder meiner Freundin entdecke, lassen mich fast verzweifeln.
Als es irgendwann Abend wird, erscheinen meine Freunde im Wohnzimmer. Ich bin sehr froh darüber und versuche die Abwechslung zu nutzen. Die feinfühlige und beschützende Art, mit der die Jungs mir zurzeit entgegentreten, sorgt dafür, dass wir einen gemütlichen Abend erleben.

Am folgenden Mittwochmorgen weckt mich meine Mutter, um zu berichten:
„Aaron, ich werde heute im Krankenhaus eine Infusion für dich besorgen, damit du wieder zu Kräften kommst.“

Als ich abermals darüber nachdenke, wie ich den Tag nutzen könnte, kommt mir der Gedanke, dass ich mich in dieser Phase der körperlichen Einschränkung den Ereignissen in Peru stellen muss, damit ich nach meiner Genesung neue Kraft finden kann und vieles bereits verarbeitet habe. Die Umsetzung dieses Gedankens beginnt damit, dass ich die Fotos von Ecuador und Peru vom Stick auf den Laptop kopiere. Beim Öffnen des ersten Bildes, das Barbara und mich in Quito zeigt, springt mein Herz in eine schnellere Frequenz über. Eine verzweifelte Suche nach Fragen und Antworten beginnt. Ich schaue die Bilder an; die meiste Zeit denke ich allerdings darüber nach, wo wir uns derzeit in Südamerika aufhalten würden.

Mit einem Augenblick ändert sich meine Aufnahmefähigkeit beim Fotosanschauen; ich werde unkonzentriert und schweife ab. Daraufhin schließe ich den Ordner und fahre den Laptop hinunter.

Nach dem Mittagessen erhalte ich in der Wohnung meiner Eltern die Infusion. Während ich auf der Couch liege, setzt meine Mutter die Nadel an meinem Arm an. Wenige Minuten später schlafe ich in einer bequemen Haltung ein. Als ich aufwache, sehe ich Katharina, Bettina, Claudia, Carmen und Daniela vor mir stehen. Träume ich? Nein, ich habe die Tatsache, dass wir am Vortag per SMS ein Treffen ausgemacht haben, vergessen. Was soll ich nun sagen? Ich versuche es mit:
„Hallo. Ups! Sorry ... tut mir leid. Ihr könnt in der Zwischenzeit in den oberen Stock gehen ... ich werde dann nachkommen.“
Nach der intravenösen Verabreichung der Nährstoffe verlasse ich die Wohnung meiner Eltern, um den Mädels zu folgen. Die Zeit mit ihnen empfinde ich als sehr wertvoll. Sie möchten so viel wie möglich über die letzten Tage und Stunden ihrer Freundinnen Barbara und Esther erfahren. Sie begegnen mir noch einfühlsamer als die Jungs und drücken sich besonders gefühlvoll aus. Ich schließe aus dieser Erfahrung, dass Männer und Frauen mit emotionalen Erlebnissen unterschiedlich umgehen.
Während wir Männer mit allen Mitteln stark sein wollen und unsere Gefühlsregungen seltener offen an den Tag legen, lassen die Frauen tiefer in ihre Gefühlswelt blicken. Schon nach der kurzen Zeit erkenne ich, wie wichtig die Kombination beider Eigenheiten ist. Dieser Tag hat mir gezeigt, dass positive Momente nach dem Begräbnis möglich und dazu eine überaus wichtige Quelle neuer Hoffnung sind.
Allerdings erlebe ich das Aufstehen am nächsten Morgen als problematische und schwierige Aufgabe. Ich erinnere mich abermals an die Fotos. Nach dem Frühstück sor-

tiere, lösche und benenne ich unsere Bilder um, die wir in Südamerika aufgenommen haben. Helmut hatte eine gute Kamera dabei. Seine Fotos habe ich bereits während der Reise auf meinen Stick geladen. Beim Durchblicken der gesamten Kollektion denke ich mir, dass die schönsten Bilder auch in gedruckter Form vorhanden sein sollten. Dafür erstelle ich einen neuen Ordner. In die Stadt aufzubrechen, um die Fotos drucken zu lassen, erscheint mir allerdings noch zu früh.

Am nächsten Tag stelle ich mir die Aufgabe, je ein Fotoalbum für die Familie Fink sowie für Marianna und Peter zu erstellen. Diese Arbeit erzeugt in mir eine gewisse Befriedigung, da ich erstmals wieder einen kleinen Sinn in meiner Existenz erkenne. Am Donnerstagvormittag verlasse ich – begleitet von Marina – mit Hilfe der Krücken zum ersten Mal das Haus, um in der Stadt die Fotos entwickeln zu lassen.
In Klausen werden wir von vielen Menschen angestarrt. Marina und ich ignorieren diese Tatsache und gehen zusammen in das Fotogeschäft. Nachdem wir alles erledigt haben, fahren wir zusammen nach Brixen, da Marina dort in einer Weinbar arbeitet. Auch mein Aufenthalt in dieser Stadt erzeugt ein Erstarren bei vielen Passanten. Die Medien haben dafür gesorgt, dass so gut wie jeder Südtiroler von der Tragödie erfahren hat. Sobald mich die Leute erkennen, reagieren sie auf eine Art und Weise, die mich verstehen lässt, dass ich der Aaron bin, der den Busunfall in Peru überlebt hat. Ich werde anhand dieser Tatsache definiert. Nach einer Weile gewöhne ich mich nicht nur an diese Gegebenheiten, sondern verstehe auch, dass sie in mir eine Art Stolz erzeugen. Zwar sehe ich dies nicht als positiv an, da der Ursprung meines Bekanntheitsgrades keinesfalls etwas ist, was ich mir erarbeitet habe, doch im Mittelpunkt der Gesellschaft zu stehen, empfinde ich als angenehm und es gibt mir Kraft.

Da alle meine Freunde den Tag über arbeiten, muss ich mir neue Aufgaben suchen. Mein Vater befindet sich im Ruhestand, sodass ihm glücklicherweise Zeit zur Verfügung steht, mich abzuholen und gemeinsam etwas zu unternehmen. Unsere kleine tägliche Runde durch Klausen wird fortan zum Ritual am frühen Morgen. Und am Abend versammeln sich dann die Jungs bei mir im Wohnzimmer. Florian, ein Freund aus Villanders, bringt sein *„Wii"* mit, worauf wir ein wenig spielen. Langsam stellt sich so etwas Ähnliches wie ein geregeltes Leben ein. Allerdings bekäme ich bei einer längerfristigen Weiterführung dieser Lebensweise wohl ein Alkoholproblem. Die Idee, mir jeden Tag Gedanken zu machen, wie ich ihn sinnvoll nutzen könnte, habe ich bereits über Bord geworfen. Ich genieße spontane Erlebnisse, Gespräche und ein Gläschen Wein dazu.
Da ich neben den Fortschritten bezüglich meines psychischen Zustandes auch darauf bedacht sein muss, mein Knie wieder in Bewegung zu bringen, werde ich zur Physiotherapie geschickt. Meine Mutter, die mit den Einrichtungen und dem zuständigen Fachpersonal im Krankenhaus vertraut ist, bringt mich in Brixen zum Zentrum für physiotherapeutische Behandlungen. Wir betreten den Raum und melden uns mit der Einweisung, die der Facharzt ausgestellt hat, im Eingangsbereich an. Dort warten wir auf eine Ansprechperson. Nur wenige Augenblicke später steht eine Therapeutin vor mir. Ihre braunen Locken und das sympathische Lächeln erinnern mich direkt an Barbara.
„Hallo! Mein Name ist Daniela. Ich werde in den nächsten Wochen dein Knie behandeln. Du wirst hier im Laufe der Zeit verschiedene Methoden erlernen, die du auch daheim anwenden musst … ok … Aaron?"
„Ja."
Daniela hat vom Unfall in Peru gehört und möchte dieses Unglück auch nicht verleugnen. Bereits nach den ersten Sitzungen stellt sich heraus, dass mir die Physiotherapeutin als ideale Gesprächspartnerin zugute kommt. Sie ist sehr sympathisch und spricht mich offen zu vielseitigen

Lebensbereichen an. Dies trägt dazu bei, dass ich gern nach Brixen zur Therapie komme. Mein Vater bringt mich regelmäßig dorthin. Das Knie macht aufgrund der schweren Verletzung zwar nur langsam Fortschritte, doch aus den anfänglichen Gesprächen mit Daniela entwickelt sich rasch ein effizienter Verarbeitungsprozess.

Das Ziel, meinen Oberschenkel wieder aufzubauen und die Beugung des Beines herzustellen, gelingt nur durch Durchführung bestimmter Übungen, die mir Daniela bei den Sitzungen beibringt. Ich kann leider nicht behaupten, Interesse an körperlicher Belastung zu verspüren. Mein Hauptinteresse liegt gänzlich beim Feiern. Auch Daniela erzähle ich laufend von den berauschenden Wochenenden mit meinen Freunden. Zeit für die Übungen bleibt dabei wenig. Sie nimmt mir diese Tatsache nicht übel, versucht mich aber dennoch auf den richtigen Weg zu führen.

Mein Vater nutzt die Wartezeit manchmal, um seine ehemaligen Arbeitskollegen in der nahe gelegenen Jungpflanzenfabrik zu besuchen. Ich bin ihm sehr dankbar dafür, dass er so viel Geduld für mich aufbringt.

Neben den kleinen Aufgaben, die mich durch den Tag bringen, versuche ich auch Zeit mit Marianna und Peter zu verbringen. Zusammen sehen wir Fotos an, reden über die Zeit in Südamerika. Unseren Schmerz zu begreifen, Wege der Hoffnung zu finden und aus dem sinnlosen Geschehen neuen Mut zu formen sind unsere gemeinsamen Aufgaben. Dabei Fortschritte zu erzielen, ist angesichts der Tatsache, dass die beiden ihre einzigen Kinder verloren haben, äußerst schwierig. Wenn Kinder vor den Eltern sterben, wird der natürlichste aller Kreisläufe zerstört und viele Pläne, die man für die Zukunft im Kopf hat, können nicht mehr verwirklicht werden.

Vor der Zeit in Südamerika habe ich es sehr genossen, bei Barbara zu sein und dort auch die Zeit mit Marianna und Peter zu verbringen. Besonders das Mittagessen nach der Hl. Messe am Sonntag war stets ein spezieller Höhepunkt.

Nun steht auch bald ein weiters Treffen mit der Familie Fink an. Mein Vorhaben habe ich bereits bei Monika per SMS angekündigt. Am ausgemachten Tag bringt mich mein Vater mit dem Auto ins Dorf. Im Zentrum von Villanders angekommen, führt ein steiler Weg zum Hause der Familie. Nach einigen Metern erblicke ich auf dem Parkplatz das Auto von Helmut. Nicht viel hält mich davon ab, einige Tränen zu vergießen. Markus hat diesen Wagen nach der Landung in München auf dem Flughafenparkplatz abgeholt und hat ihn nach Villanders gefahren.
Ich gehe zum Haus und läute. Rosmarie öffnet die Tür und begrüßt mich:
„Hallo Aaron. Komm herein. Wie geht's dir?"
Während ich ihren Gruß erwidere, versuche ich kurz zu lächeln. Vor dem ersten Gespräch können wir die Lage des anderen lediglich durch unsere bisherigen Gedanken einschätzen. Ich fühle, dass ich ohne die Bestätigung, dass ich keine Schuld am Geschehen habe, keine Minute in Ruhe verbringen kann. Aus diesem Grunde bin ich ein wenig nervös. Mein Vater ist in der Zwischenzeit wieder nach Hause gefahren.
Als ich die Wohnung betrete, fragt Rosmarie:
„Aaron, möchtest du lieber im Wohnzimmer oder in der Küche sitzen?"
Wir bleiben im Wohnzimmer, da ich hier mein verletztes Bein auf der Couch ausstrecken kann. Walter, der Vater von Helmut, steht in der Küche und bereitet uns einen Saft zu. Einige Minuten später betreten auch Monika und Christine den Raum. Rosmarie beginnt zu seufzen und erkundigt sich dabei:
„Wie schaffst du es, den schrecklichen Vorfall zu ertragen?"
„Ich kann diese Frage nicht beantworten ... es ist noch zu früh dazu, aber meine Familie und die Jungs sind immer für mich da."
In dem Moment kommt in mir die Frage auf, wie sie wohl die Tatsache erleben, dass ausgerechnet ich den Unfall überlebt habe. Und da mir in den letzten Tagen des Öfteren

gesagt wurde, ich hätte noch eine Aufgabe auf dieser Erde zu erfüllen, frage ich:

„Wie ist es für euch, dass gerade ich den Unfall überlebt habe? Und was ist wohl die Aufgabe, die ich hier noch habe, von der alle sprechen?"

Rosmarie antwortet:

„Aaron, wir sind froh dich zu haben ... nur so konnte der Rücktransport von Helmut, Esther und Barbara eingeleitet werden. Außerdem kannst du durch deine Erzählungen und die Fotos die letzten Tage Helmuts wiedergeben. Wir sind auch froh, dass du ein guter Freund von ihm warst."

Christine entgegnet:

„Ohne dein Überleben wäre nichts mehr da."

Eine Überlegung dieser Art habe ich bisher nicht angestellt. Der Meinung, dass auch ohne meine Existenz eine den Umständen entsprechende Lösung hätte gefunden werden können, bin ich nach wie vor treu. Doch Rosmarie betont abermals:

„Erst dein Anruf unmittelbar nach dem Unfall ermöglichte die ersten Maßnahmen."

Diese Aussage befriedigt mich dennoch nicht. Ich möchte ihnen lediglich mitgeben, dass ich nicht danach gefragt wurde, ob ich sterben oder leben möchte. Nun ist es so. Auch ich vermisse Helmut. Ich bringe die zur Erklärung notwendigen Worte nicht über die Lippen, sodass ich weiterhin vor mich hin schweige. Gemeinsam lesen wir die SMS durch, die Helmut fast jeden Tag seiner Mutter aus Peru gesendet hat. Dazu schauen wir die Fotos unserer Reise an. Schritt für Schritt berichte ich detailliert über die gemeinsamen Erlebnisse von Esther, Helmut, Barbara und mir. Nicht nur für die Familie scheint dies sehr wertvoll zu sein – auch mir tut das Erzählen gut. In den letzten Tagen habe ich zusehends gemerkt, wie unterschiedlich der Trauerprozess bei verschiedenen Personen ist. Seine eigenen Vorlieben und Strategien mit den Mitmenschen in Einklang zu bringen, ist ein komplexes Vorhaben. Besonders ruhige Menschen müssen im Trauerprozess über sich hinauswachsen und den schwierigen Schritt des Kommunizierens wagen. Für mich allenfalls ist Reden unerlässlich und am heutigen Tag sind wir alle bereit dazu. Zwischendurch kommen zwar Fragen auf, die schwer oder unbequem zu beantworten sind, doch ich lerne, keinen Zweifel aufkommen zu lassen und meinen Weg der Erzählung zu finden. Auffallend ist die verbissene Suche nach Vorahnungen. Viele vergangene Ereignisse werden als Anzeichen, die zum Unvermeidbaren geführt haben, interpretiert. Rosmarie erzählt:

„Helmut hat vor der Abreise nach Peru geweint ... und er hat vor einigen Jahren einen Brief verfasst, in dem steht, er will nicht alleine sterben ... Warum hat er geweint?"

„Ich finde es seltsam, dass Barbara und Esther ein Foto vom Nachtbus machen wollten ... doch eine Antwort dazu hab ich auch keine", erwidere ich auf die Überlegung hin, auch das könnte ein Zeichen gewesen sein.

Rosmarie, Walter, Monika und Christine verlieren kein Wort des Bedauerns, dass gerade ich derjenige bin, der noch am Leben ist, und nicht Helmut. Sie machen mir keinen Vorwurf. Durch die nicht allzu kleine Wahrscheinlichkeit, dass meine Worte falsch aufgefasst werden könnten, bin ich zwar auf Vorsicht bedacht, doch die Tatsache, dass Helmut seine Zeit in Peru wirklich sehr genossen hat, erleichtert das Gespräch. Die vielen Fotos sind Zeugen dieser Tatsache. Vielleicht ist die Familie deshalb auch dankbar.

Nach einigen Stunden verliere ich mein ohnehin geschwächtes Konzentrationsvermögen und beschließe daher die Familie zu verlassen. Mein Vater holt mich ab und bringt mich zurück nach Hause.

SUCHE NACH SINN

Besonders viel hat sich an meinem Zustand in letzter Zeit nicht geändert. Das Aufstehen am Morgen ist weiterhin meine schwierigste Tagesaufgabe. Im Bett denke ich darüber nach, warum ich so gerne schlafe. Sobald ich die Augen öffne, denke ich an den Tod von Barbara, doch im Schlaf kann ich dem wahren Leben ausweichen, muss ich nicht wirklich an diesem für mich zurzeit so leidvollen Leben teilhaben. Als Nächstes ziehe ich einen Vergleich zwischen Schlafen und Sterben. Für mich ist beides ein und dasselbe, nur dass Tote nicht mehr aufwachen müssen. Irgendwie schaffe ich es auch heute wieder, aus den Federn zu kommen. Die meisten Tage fühlen sich länger an, als sie wirklich sind. Marina hat mir ein neues Buch in mein Zimmer gelegt. Es ist die Lebensgeschichte von Ernesto Che Guevara.

Ich erinnere mich an den Film „Die Reise des jungen Che", der mich dazu inspiriert hat, nach Südamerika aufzubrechen. Vor der Entscheidung habe ich oft mit Barbara darüber gesprochen. Sie erzählte mir vom Plan, mit zwei Freundinnen der Oberschule, Francesca und Miriam, nach Australien zu gehen. Mit der Zeit vereinte uns immer mehr die gemeinsame Idee eines Südamerikaaufenthalts. Ihr Wunsch, sich für Kinder in ärmlichen Verhältnissen einzusetzen, und mein Interesse an einer großen Kulturreise konnten so ideal kombiniert werden. Wir einigten uns auf einen bestimmten Zeitraum für unser gemeinsames Vorhaben. Später stellte sich heraus, dass die Wahl des Sozialprojektes mit dem dazugehörigen Zielland nicht unmittelbar von den eigenen Vorlieben und Interessen gesteuert wird, sondern vielmehr von finanziellen Überlegungen abhängt. Kaum ein Projekt erfordert für das freiwillige Helfen vor Ort kein Geld. Viele Organisationen werben im Internet mit der großen Lebenserfahrung, die durch diese Tätigkeiten erworben werden kann. Dazu bieten sie alle möglichen Nebenaktivitäten an. Während unseres weiteren Vorgehens

gab uns Marianna den Tipp, den ehemaligen Pfarrer von Villanders um Rat zu fragen.
Auch in der Lehranstalt für Soziales in Brixen hat Barbara von unserem Vorhaben berichtet. Bei einem Gespräch mit einem ihrer Professoren gab er ihr den entscheidenden Tipp, sich auf der Homepage von „viventura“ umzusehen. Wir folgten dem Vorschlag und entdeckten auf der entsprechenden Internetseite viele Sozialprojekte, die in ganz Südamerika verteilt sind. Nach unserem persönlichen Auswahlverfahren, das von den Beschreibungen der verschiedenen Arbeiten geleitet war, haben wir uns für das Kinderprojekt in Quito entschieden. Nachdem Barbara die Matura mit nahezu voller Punktezahl bestanden hatte, konnten wir im Sommer in der Firma Alupress das für unser Vorhaben notwendige Geld verdienen. Helmut hatte uns den Job besorgt. Nach der Arbeitszeit haben wir uns regelmäßig auf die bevorstehende Reise vorbereitet.

Das Buch über Che Guevara lege ich wieder beiseite. Mir ist langweilig und Nachdenken möchte ich vermeiden. Keine einfache Aufgabe. Plötzlich kommt in mir ein starkes Verlangen nach Liebe und Zuneigung auf und ich mache mir darüber meine Gedanken. Jetzt merke ich auch, wie schwierig es ist, nicht nachzudenken. Zwar sehe ich mich keinesfalls dazu bereit, eine neue Bindung einzugehen, doch ein zentraler Bestandteil meines Selbst fehlt. Ich grüble so lange vor mich hin, bis sich die Idee der Anschaffung eines Hundes in meinem Kopf festsetzt. Kann ein Hund meinen Schmerz lindern? Ich beschließe mit Harald darüber zu sprechen.
„Harald ich hätte gerne einen Hund. Was sagst du?“
Er findet den Vorschlag gut und macht sich auf die Suche nach möglichen Kontakten, wo wir einen passenden Hund für uns finden könnten. Einerseits nimmt mein Bruder in den kommenden Tagen mit einer Frau aus dem Passeriertal das Gespräch über den Kauf eines Welpen auf, andererseits erfahren wir, dass unsere Eltern absolut nichts für einen

Hund übrighaben. Wir wollen das Tier trotzdem näher kennenlernen, worauf Harald, mein Vater und ich nach St. Leonhard fahren.
Nachdem wir zuerst das Dorf, dann das Haus erreicht haben, betreten wir die Wohnung von Lydia. Nach dem Begrüßen öffnet sie eine weitere Tür im Gang. Sofort fallen uns die vier süßen Welpen ins Auge. Von diesem Moment an ist mein Wunsch, einen der Golden Retriever zu behalten, nicht mehr zu bremsen. Leider sieht dies mein Vater nicht so und rät uns noch eine Nacht darüber zu schlafen. Wir fahren ohne den Hund nach Hause. Mit einem Mal verspüre ich einen innerlichen Schmerz. Es ist die neue Verantwortung, die durch den Besitz eines Hundes entstehen wird. Ich muss mein Herz für neue Aufgaben öffnen, doch ich sehe mich kaum bereit dazu. Auch der Hund wird einmal sterben. Mein Gemütszustand ist wieder am Boden. Von dem Moment an lässt mich Harald an unsere gemeinsame Idee glauben. Unsere Eltern versuchen wir gar nicht zu überzeugen und holen den Welpen nach einigen Tagen bei einem weiteren Treffen mit Lydia ab.
Während der Rückfahrt sprechen Harald und ich über die Namensgebung des Hundes. Da es sich um ein reinrassiges Tier handelt, besitzt er einen Stammbaum, der einen Anfangsbuchstaben vorschreibt. Lydia hat uns berichtet, dass es in diesem Fall der Buchstabe B ist. Wir einigen uns auf den Namen Bobby und bringen das Tier nach Hause. Sehr hilfreich erscheinen mir gegenwärtig die vielen Spenden von Verwandten, die mir durch den finanziellen Beitrag ihr Mitgefühl ausdrücken wollen. Ich werfe mit dem Geld nur so um mich, da es für mich nicht den geringsten Wert besitzt.
Harald kann meine momentane Haltung zu Geld zwar verstehen, doch weist er mich darauf hin, dass ich später wieder darauf angewiesen sein werde und es mir dann fehlen wird. Ja er hat Recht. Ich halte viel von ihm und spüre, wie es mir an seiner Seite besser geht. Außerdem entdecke ich durch meinen Bruder, dass ich mich gerne

mit Kindern beschäftige. Zum Teil war mir dies bereits im Entwicklungsprojekt von Quito klar, doch nun bin ich absolut überzeugt davon. Mit Jara und Timon, den beiden Kindern von Harald, verbringe ich gerne meine Zeit. Kinder sehen die Welt mit frohen und unbekümmerten Augen, leben im Hier und Jetzt und können ihre Umgebung mit diesem Glück erfüllen.

APRIL 2009

Aus dem guten Gefühl, das ich in der Nähe der Kinder habe, kommt Zuversicht in mir auf. Da es mir langsam ohne verantwortungsvolle Beschäftigung ziemlich langweilig wird, kann ich mir gut vorstellen, meine Zeit zukünftig zu nutzen, indem ich als Kinderbetreuer arbeite. Diese Überlegung gibt mir neuen Mut.
Ich fasse den Entschluss, eine Bewerbung für einen Sommerjob abzuschicken, und wieder ist ein hoffnungsvoller Schritt in Richtung „Zukunft" getan. Ich möchte die Arbeit mit den Kleinen, die ich mit Barbara so zu schätzen gelernt habe, hier in Südtirol fortführen.

An vielen Abenden und an jedem Wochenende bin ich mit meinen Freunden unterwegs und fühle mich gut dabei. Doch am Morgen danach erdrückt mich meine traurige Stimmung fast. Immer wieder versuche ich meine negativen Gedanken zu bekämpfen, doch die meiste Zeit scheitere ich.
Mittlerweile habe ich eigene Verdrängungsstrategien entwickelt, die mir dabei helfen, leichter durch den Tag zu kommen. **Meinen Fokus lege ich dabei immer auf das Jetzt, da mir weder Zukunftsängste noch das Grübeln über die Vergangenheit wirklich weiterhelfen.**

In meinem bisherigen Leben konnte ich psychisch belastende Situationen durch körperliche Betätigungen ausgleichen. Da mir diese Möglichkeit durch meine Verletzung zurzeit jedoch nicht gänzlich zur Verfügung steht, sind die Jungs, Alkohol und alberne Gespräche mein vorwiegender Draht zum Leben.
Trotz allem habe ich erkannt, dass die Konfrontation mit dem Tod das Leben in seiner Tiefe preisgibt. Niemals zuvor habe ich mich dem Rätsel um den Sinn des Lebens näher gefühlt. Fragen über Fragen begleiten mich durch den Tag und führen dazu, dass ich das Dasein wie durch eine andere Brille sehe. Was erwarten wir von anderen Menschen? Gibt es im Streben, Verlangen und Wollen des Menschen überhaupt einen Sinn, der allen Menschen gemeinsam ist? Ständig auf der Suche nach dem Wesentlichsten der Dinge, versuche ich die Bedeutung vieler Alltagssituationen im Angesicht unserer Sterblichkeit neu einzuordnen. Ich merke, dass ich mich vom materialistischen Denken weit entfernt habe. Ich habe erkannt, dass die Anhäufung von materiellen Gütern die Sicht auf das Wesentliche trübt und es nichts Schlimmeres gibt, als Menschen auf ihrem Weg durch Worte und Taten zu behindern. Auch versuche ich mit den Gefühlen meiner Mitmenschen behutsamer umzugehen.
Ich finde, wirkliche Gerechtigkeit kann auf dieser Welt nur erreicht werden, wenn jeder auf seinen Nächsten achtet und diese Eigenschaft wäre uns eigentlich allen gegeben. Doch führen unsere täglichen „Luxusprobleme“ immer mehr dazu, dass der Zugang zu unseren Mitmenschen verschlossen bleibt und der Blick auf diejenigen, die wirklich jeden Tag ums Überleben kämpfen, komplett fehlt.
Meine gegenwärtigen Gefühle und Überlegungen beschäftigen sich mit dem Kern des Lebens. Alles Unwesentliche scheint verschwunden. Nur weniges erscheint mir wichtig. **Wenn der Tod dreier Menschen für so viele andere Menschen unbeschreiblichen Schmerz bedeutet, muss das Leben ungeheuer wertvoll sein. Wenn sich Angehörige ihr ganzes**

Leben nichts sehnlicher wünschen, als diese eine Person wieder bei sich zu haben, dann kann nichts bedeutender sein als das Leben selbst.
Geld, Handys, Autos, Fußball, Alkohol und vieles andere gehören zwar auch zum Leben, haben aber für mich nur noch Randcharakter. Wenn ich auf Südtirol schaue, dann kommt mir oft vor, dass es für viele umgekehrt ist.
Die Tatsache, dass ich noch hier bin, überlebt habe, muss angesichts der schmerzvollen Trauer, die der Tod bedeutet, gleichsam Freude bereiten.
„Auch der dunkelste Brunnen spiegelt das Licht der Sterne", lese ich gerade auf einer Homepage. Ich surfe im Internet, wie so oft in letzter Zeit. Hoffnungsschenkende Sprüche und der Glaube an ihre Bedeutung, wecken positive Gedanken in mir und helfen mir die Zeit zu überbrücken. Beim Durchstöbern mehrerer Internetseiten finde ich besonders schöne Weisheiten und freue mich darüber, dass wir, Barbara, Helmut, Esther und ich, eine gute Zeit in Peru hatten.

EINE BESONDERS SCHÖNE BEGEGNUNG

Das Ausgehen am Abend ist für mich mittlerweile fast zur Routine geworden. Aber es kann meinen Gemütszustand offensichtlich nicht verbessern.
In der heutigen Nacht soll ich eines Besseren belehrt werden. Zusammen mit Manuel und Cristian fahre ich zu einem Benefizkonzert nach Barbian. Auf Krücken gestützt bewege ich mich langsam zum Vereinshaus, das sich inmitten des Dorfes befindet. Wir drei betreten die Halle, wo das Konzert stattfindet, und holen uns das erste Bier an der Theke.
Der Abend ist bereits weit fortgeschritten, als meine Freunde wie wild vor der Bühne tanzen, während ich die

Situation aus der Entfernung beobachte. Viele vertraute Leute habe ich bereits getroffen – doch was ich noch nicht weiß: Ich werde in den folgenden Minuten eine neue Bekanntschaft machen.
Bettina und Claudia stellen mir ihre Freundin vor.
„*Hallo Aaron!*“, sagt das unbekannte Mädchen lächelnd. Ich blicke in ihre ausdrucksstarken Augen und versuche dabei ruhig zu bleiben. Da gerade angekündigt wird, dass sich die Party dem Ende zuneigt, wird mir klar, dass ich das letzte Bier in meiner Hand halte. Ich mache noch einen kräftigen Schluck daraus und fasse Mut:
„*Hallo! Wem gehörst du?*“, kommt es prompt und ungewollt aus meinen Mund.
Sie sieht mich verwirrt an. Ich kann ihre Gedanken lesen! Hat er diese Frage nun wirklich gestellt? Dann stellt sie eine Gegenfrage:
„*Wie meinst du das?*“, und fügt entschieden hinzu:
„*Ich habe keinen Freund!*“
Mein Gehirn empfängt Signale, wie ganz feine elektrische Stromschläge. Aber warum? Ich sollte besser so bald wie möglich schlafen gehen. Doch vorher, denke ich, könnten ein paar nette Worte von meiner Seite zumindest erste Barrieren abbauen. Ich sammle meine Gedanken:
„*Wow! Ich dachte mir, dass so ein hübsches Mädchen sicher einen Freund hat.*“
Mein Kompliment scheint angekommen zu sein, da sie beschließt, trotz der Sperrstunde, noch ein weiteres Bier für mich zu holen. Zudem erfahre ich ihren Namen:
„*Ich heiße Nadine.*“
Ihr hübsches Aussehen und ihre Ausstrahlung führen dazu, dass ich ein wenig nervös werde und mir ihren Namen kaum merken kann.
Die Möglichkeit, das Gespräch fortzuführen, erstickt jedoch im Chaos der Party.
Nachdem ich Manuel und Cristian gefunden habe, fahren wir zurück nach Klausen, wo jeder von uns nach Hause geht.

Das Aufstehen am nächsten Morgen erscheint mir erstmals nicht so unerträglich. Auch wenn die Gedanken an den Unfall und an Barbara präsent sind, so erwächst ein kleiner Lichtblick am Horizont. In den nächsten Minuten denke ich an das kurze Gespräch mit Nadine. Obwohl ich mich nur sehr vage an sie erinnern kann, hat ihr Lächeln irgendwas in mir in Bewegung gesetzt. Wer ist dieses Mädchen? Womöglich sollte ich mit Marina kurz über meine neue Bekanntschaft sprechen.
Nachdem ich mit Bobby im Garten eine kleine Runde gedreht habe, kehre ich zur Wohnung zurück und suche meine Schwester auf, um ihr im Wohnzimmer zu berichten:
„Ich habe gestern ein hübsches Mädchen getroffen ... ganz zufällig.“
Marina antwortet erfreut:
„Es ist schön, wenn du jemand kennengelernt hast.“

DIE IDEE BENEFIZKONZERT

Am nächsten Tag mache ich mich auf den Weg zu den Villanderer Mädels. Während des gemeinsamen Zusammensitzens sprechen wir über das demnächst in Villanders stattfindende Konzert namens „Sunside Rock“. Bettina, Claudia und Daniela waren schon in den letzen Jahren bei der Organisation dabei und wollen dieses Jahr etwas Besonderes auf die Beine stellen. Ein Abschnitt des Konzertes soll der Erinnerung an Barbara, Helmut und Esther dienen. Wir überlegen zusammen, wie dieses Erinnern aussehen könnte, und freuen uns bereits auf die gemeinsame Veranstaltung.
Eine erste Idee von uns ist, dass die Einnahmen des Benefizkonzertes nach Quito gehen sollen. Es gibt zwar unzählige Projekte und Millionen von Menschen, die finanzielle Unterstützung nötig haben, doch der Bezug zu „Para dar

Esperanza" ist besonders stark, weil Barbara und ich dort gearbeitet haben.
Diese Idee lässt eine euphorische Stimmung bei uns aufkommen und wir freuen uns, dass wir durch diese Aktion Gutes bewirken können.
Des Weiteren entsteht in der Diskussionsrunde der Gedanke, dass wir während des Konzerts eine Präsentation abspielen könnten. Sie soll den Besuchern des Festivals erklären, wohin die Einnahmen gehen, und Fotos meiner Reise mit Barbara, Helmut und Esther beinhalten. Wir möchten den drei Verstorbenen den gesamten Abend widmen.
Diese Idee gibt mir Kraft, da sie der Beweis ist, dass aus Trauer Sinnvolles entstehen kann.

Im Rahmen der Vorbereitungen auf das Konzert fährt unsere Gruppe einige Tage darauf ins Kloster Neustift, um sich mit Pfarrer Artur zu treffen. Ich habe dem Mitarbeiter des Bildungshauses im Vorfeld von den diesjährigen Programmpunkten unseres Festivals erzählt. Er kann uns mit seinen Erfahrungen, die er vor zwei Jahren gesammelt hat, behilflich sein. Damals brachte er den Erlös des Konzertes in ein Kindergartenprojekt nach Sao Paolo.
Zusammen mit Claudia, Martin, Michael, Ewald, Daniela, Bettina und Artur sitze ich im Stiftskeller des Klosters. Die vielen verschiedenen Vorschläge, die wir für die Präsentation haben, werden so lange besprochen, bis wir uns auf das Wesentliche einigen können. Die Einleitung und zugleich das Wesentliche unseres Vorhabens sollen anhand eines Videos präsentiert werden. Claudia, Martin, Michael, Ewald, Daniela und Bettina werden abwechselnd ein paar Worte sprechen.
Zusammen verfassen wir den Text für dieses Video und lesen ihn dann vor:
„Hallo Freunde, wir freuen uns, dass ihr so zahlreich unser Festival besucht, das wir bereits zum dritten Mal organisiert haben. Doch dieses Jahr ist es ein wenig anders. Wir mussten uns im Februar von drei Freunden verabschie-

den. Wie ihr wisst, sind Barbara, Esther und Helmut bei einem Busunfall in Peru ums Leben gekommen. Wir, die Organisatoren, besonders die Villanderer Jugendgruppe, und Barbaras Freund Aaron möchten den heutigen Abend unseren drei Freunden widmen. Wir haben lange überlegt, was wir tun können, damit Esther, Helmut und Barbara nicht so schnell vergessen werden. Wie ihr vielleicht wisst, haben Barbara und Aaron in einer Kindertagesstätte in Ecuador gearbeitet, und deshalb wollen wir den Reinerlös dieser heutigen Veranstaltung diesen Kindern spenden. Damit ihr sehen könnt, wie es den Kindern in Ecuador geht, zeigen wir euch einige Bilder und Aaron wird aus Barbaras Tagebuch vorlesen. Nachher wollen wir euch einladen Fotos von der Reise anzuschauen.“
Die Mädels sind während der Aufnahme etwas nervös und angespannt, da einerseits nicht klar ist, wie viele Menschen die Präsentation sehen werden, und andererseits das laute Sprechen des Textes gemischte Gefühle hervorruft. Nichtsdestotrotz erledigen sie ihre Aufgabe sehr gut. Nach dieser Video-Einleitung werde ich aus Barbaras Tagebuch einige Textstellen vorlesen, die sich auf das Kinderprojekt in Quito beziehen. Am Ende sollen Fotos unserer Reise die Präsentation abrunden.
Wir verlassen am Abend frohen Mutes das Kloster und fahren nach Hause. Gemeinsam haben wir uns an diesem Tag mit unseren Ideen weitergeholfen, waren bereit Kompromisse einzugehen und unsere Vorhaben zusammen in die Tat umzusetzen.

Nadine, meine neue Bekanntschaft, gibt mir intuitiv Kraft. Das Gefühl der Liebe, das ich zu Barbara über die Jahre aufgebaut habe, ist vermischt mit tiefer Trauer, doch die Intensität meiner Liebe zu Barbara hat nicht darunter gelitten. Die Hingabe zu ihr ist immer noch so stark, dass ich sie wie früher liebe. Dieses Gefühl lässt mich immer mehr an ein Leben nach dem Tod glauben. **Denn wir sind nicht unser Körper, wir sind Geist! Eine Kraft, die stär-**

ker ist als der Tod, verbindet uns für immer. Dabei überwinden wir Menschen die Grenzen von Zeit und Raum. Jeder der einen Verstorbenen zu beklagen hat, fühlt dies in seinem Herzen. Der Schmerz ist zwar zeitweise kaum ertragbar, doch die Liebe erzeugt in gewissen Momenten einen kleinen Hoffnungsschimmer, dass unsere Lieben uns weiterhin begleiten. Wer trauert, muss diesen kleinen Hoffnungsschimmer einfangen und zu einem Bestandteil seines restlichen Lebens machen, so kann Stück für Stück neuer Mut entstehen.

Der Glaube an Gott macht Sinn, auch wenn ich ihm als junger, aufgeklärter Mensch nicht kritiklos gegenüberstehe. Nicht selten habe ich mit meinen Freunden über Religion diskutiert. Dabei entstand ein Mix von ablehnenden bis überzeugenden Antworten. Doch am Ende ist jeder für sich selbst verantwortlich. Niemand darf seinen Mitmenschen eine Meinung aufdrücken, die er nicht akzeptieren möchte. An Gott zu glauben und in die Kirche zu gehen, ist in den Augen vieler Jugendlicher eine relativ uncoole Handlung. Ich möchte fast behaupten, dass mich der Tod von Barbara, Esther und Helmut zu Gott geführt hat. Es stecken ganz einfache Überlegungen dahinter. **Eine Person, die stirbt, ist von einem Moment auf den anderen nicht mehr da. In der darauf folgenden Zeit wünscht sich der Zurückgebliebene nichts mehr, als dass es einen sicheren Ort für diesen Menschen gibt.** Von da an beginnt eine intensive Suche nach Anhaltspunkten und Kraftquellen. Sobald die Überzeugung vorhanden ist, dass unser Leben auf der Erde nur eine Übergangszeit darstellt, kann ein nächster Schritt gegangen werden. Allerdings ist die erste Hürde für viele materialistisch denkende Menschen kaum zu überwinden. Dabei müsste sich jeder nur fragen, wie oft der Geist im Alltag aktiv ist. Träume, Déjà-vu-Erlebnisse, Gefühle sind immateriell und unsterblich. Wir tragen sie auf der Erde nur scheinbar in uns, denn in Wahrheit sind sie überall. Ich denke, sobald der Tag gekommen ist, werden unsere Gefühle in Form unserer Seele freigegeben – für eine Zeit, die niemals endet. Der Glaube an Gott macht für mich nicht nur Sinn, sondern hat einen Sinn. Davon bin ich überzeugt.

Textpassage von Artur Schmitt:

GIBT ES EIN LEBEN NACH DEM TOD?

Bald nach der Beerdigung beginnen Aaron und ich, uns regelmäßig in Neustift zu treffen. Manchmal spazieren wir am Eisack entlang oder wir sitzen einfach auf der Sitzecke in meinem Büro und reden über Gott und die Welt.

Aaron: *„Du Artur, sag mal: Glaubst du eigentlich an ein Leben nach dem Tod?"*
Artur: *„?"*
Aaron: *„Hey, ich hab dich was gefragt!"*
Artur: *„Lass mir doch wenigstens fünf Sekunden Zeit zum Nachdenken. Dass ein Pfarrer auf so eine Frage mit Ja antworten muss, ist wohl logisch. Oder?"*
Aaron: *„Ja das schon, aber ich will deine eigene Meinung hören und nicht nur den Pfarrer!"*
Artur: *„So leicht lässt sich das auch nicht sagen. An einer Autobahnbrücke, die über mein Heimattal in Deutschland führt, stand einmal in großen Buchstaben die Frage geschrieben: „Gibt es ein Leben vor dem Tod?" Die Brücke ist so hoch, dass sie oft von Selbstmördern für den Sprung in den Tod genutzt wurde. Als Oberschüler bin ich da oft vorbeigefahren und der Satz hat mich seither nicht in Ruhe gelassen!"*
Aaron: *„So habe ich das noch gar nicht gesehen. Aber erinnerst du dich daran, wie du bei der Beerdigung von Barbara, Helmut und Esther sagtest: Liebe ist für immer, die kann man nicht umbringen, die stirbt nicht? Ich kann mir darunter nichts vorstellen. Wie sieht das konkret aus?"*

Artur: *„Konkret!? Ich bin noch nie im Himmel gewesen. Ich weiß darüber auch nicht mehr als du selbst. Was ich weiß, ist, dass das Leben so vielfältig, so bunt, so facettenreich, so tief ist, dass ich mir nicht vorstellen kann, dass mit einem Mal einfach alles vorbei ist. Wenn du heute an Barbara denkst und dir die vielen Seiten ihrer Persönlichkeit vorstellst und dazu noch die ganzen Gefühle, die in eurer Beziehung mit im Spiel gewesen sind, und wenn du dir überlegst, was eigentlich Barbara ausgemacht hat, was so was wie der Kern ihres Wesens gewesen ist, dann hast du für mich etwas Unsterbliches an ihr gefunden."*
Aaron: *„Ist dann das so etwas wie ihre Seele?"*
Artur: *„Nennen kannst du das, wie du willst. Ich jedenfalls glaube, dass das Wesen, das Innerste eines Menschen, das, was ihn wirklich ausmacht, einfach nicht sterben kann."*
Aaron: *„Die Frage beschäftigt mich den ganzen Tag."*
Artur: *„Ich weiß! Kennst du übrigens das Lied „They live in you" aus dem Musical „Der König der Löwen"?"*
Aaron: *„Nein, warum?"*
Artur: *„Der Inhalt des Musicals hat meiner Meinung nach ziemlich viel mit Religion zu tun. Die Geschichte vom kleinen Löwen Simba, der seinen Vater verliert und sich selbst daran die Schuld gibt, kennst du wohl. Auf seiner Flucht begegnet er einer Medizinfrau, die ihm zeigt, wo sein Vater immer noch lebt, nämlich in den Sternen und in ihm selber. Auch wenn ich das jetzt nicht eins zu eins übertragen würde, etwas Wahres ist da schon daran. Sollen wir uns das Lied einmal anhören?"*
Aaron: *„Passt!"*

Ich lege die CD ein und suche das Lied. Bewusst verlasse ich den Raum und lasse Aaron alleine mit dem Song und mit seinen Gedanken. Als ich einige Zeit später wieder zurückkomme ist Aaron am Weinen.

Artur: *„Komm mal her. Ich glaube, die Tränen waren mehr als überfällig."*

Schweigend lege ich meine Hand auf Aarons Schulter und wir warten eine ganze Weile bis zum nächsten Wort.

Aaron: *„Brennst du mir die CD?"*
Artur: *„Jeap!"*

Ich weiß bereits, dass dieses Wort zwischen Barbara und Aaron eine ganz bestimmte Bedeutung gewonnen hat, und verstehe deshalb, warum er nun ein Lächeln im Gesicht hat.

Aaron: *„Auch das „Jeap" wird für immer leben!"*
Artur: *„Nochmal jeap! Weißt du eigentlich, was für mich der Unterschied zum Liedtext ist? Im Lied sind die Verstorbenen einfach überall. Für mich gibt es dafür einen ganz konkreten Ort und den nennen wir Christen Gott. Er ist einfach das Bild schlechthin für Ewigkeit, für all das, was bleibt und was nicht sterben kann. Eigentlich ist es genau das, was wir jetzt zu Ostern feiern."*
Aaron: *„Ostern wird für mich dieses Jahr nicht lustig werden. Ich habe sogar ein wenig Angst davor. Die ganze Sache mit Tod und Auferstehung werde ich wohl immer mit Barbara verbinden."*
Artur: *„Weißt du, dass das den Freunden von Jesus damals nicht anders gegangen ist!? Die mussten mit ansehen, wie ihr bester Freund am Kreuz gestorben ist. Und genauso wie du haben die sich gefragt, ob damit alles zu Ende ist. Da gibt es die Erzählung von den beiden Jüngern, die nach dem Tod Jesu ganz enttäuscht und niedergeschlagen Jerusalem verlassen – in der Meinung, dass jetzt alles vorbei wäre und es keine Hoffnung mehr gäbe. Und dann spüren sie plötzlich, dass dieser Jesus nicht totzukriegen ist. Dass er immer noch lebendig ist, obwohl er gestorben ist. Sie spüren seine Gegenwart so stark, dass sie sich wieder auf den Rückweg nach Jerusalem machen und den anderen Jüngern von ihrer Erfahrung berichten, dass Jesus lebendig ist, dass er eben auferstanden ist."*

***Aaron:** „Kann eigentlich nur Jesus auferstehen?“*
***Artur:** „Hoffentlich nicht! Ich denke, dass er derjenige ist, der uns gezeigt hat, dass der Tod nicht stärker ist als das Leben. Er hat uns gezeigt, dass so etwas wie Liebe und Güte nicht kaputtzukriegen sind, selbst durch den Tod nicht. Ich stelle mir das immer so vor, dass er derjenige ist, der uns auf einem Weg vorangegangen ist. Und weil er diesen Weg gegangen ist, können auch wir den gleichen Weg vertrauensvoll gehen.“*
***Aaron:** „Dieser Gedanke ist schön. Aber ist das dann alles nur symbolisch zu verstehen?“*
***Artur:** „Gute Frage! Darüber streiten sich die Gelehrten bis heute. Nicht wenige meinen, dass diese ganze Geschichte mit Jesus eigentlich nur dazu dient, die Leute zu beruhigen und zu trösten. Aber das allein reicht für mich nicht. Ich glaube ganz fest daran, dass Jesus von Nazareth als ganz konkreter Mensch gelebt hat und dass Gott uns durch sein Leben eine Richtung gezeigt hat. Für mich ist die Auferstehung Jesu eine einmalige Einladung Gottes an uns Menschen.“*
Nach einem weiteren, allerdings weniger tiefgründigen Gespräch mit Aaron verlässt er mich an diesem Abend. Seine Fragen drehen sich um die wesentlichen Dinge im Leben. Verständlich, wenn man sich seine jüngsten Erlebnisse vor Augen hält, dennoch bei einem jungen Mann in seinem Alter nicht oft zu finden. Ob ich ihm irgendwie helfen konnte? //

Die Gespräche mit Artur erscheinen mir in meiner gegenwärtigen Situation als äußerst wertvoll. Mein bisheriges Leben wurde mit einem Mal komplett auf den Kopf gestellt, aber danach habe ich glücklicherweise erfahren dürfen, dass es wirklich Menschen gibt, die einem in solch schwierigen Situationen beistehen können. Die Themen, die ich mit Artur bespreche, sind zwar unendlich fern von den Alltagserlebnissen vieler meiner Mitmenschen, doch für mich die Basis meines Weiterlebens nach dem Unfall. Artur hört meinen Fragen aufmerksam zu und versucht mit viel Geduld eine Antwort zu finden. Mit der Zeit glaubte meine Mutter verständlicherweise, dass er mein Psychologe wäre, und fragte daraufhin den Pfarrer wie viel Geld er denn bekomme. Als ich dies Artur erzählte, musste er lachen.

UNSER PROJEKT „SUNSIDE ROCK"

Da Bettina ein Aufnahmegerät besitzt, fahre ich am nächsten Morgen zu ihr nach Villanders für die Aufzeichnung von Barbaras Worten. Dort können wir an unserem gemeinsamen Projekt für das Benefizkonzert weiterarbeiten. Ich öffne die Seiten des Tagebuchs, die die Projektbeschreibung von Quito beinhalten, warte, bis Bettina den roten Knopf drückt, und versuche laut und deutlich zu sprechen:
„Wow, die einstündige Busfahrt nach Santa Maria, wo sich das Projekt befindet, lohnt sich. Man kann sich nicht vorstellen, in welch ärmlichen Verhältnissen Menschen wohnen und überleben können. Santa Maria ist eine sehr hoch gelegene Ortschaft. Man kann kaum glauben, dass ein öffentlicher Bus derartige Straßenverhältnisse überwinden kann. Die Häuser sind zerfallen und vermitteln einen erbärmlichen Eindruck. Die gesamte Gegend ist faszinierend und der Ausblick von dort oben über Quito ist unbeschreiblich schön. Die Kinder von Santa Maria sind sehr offen und anhänglich. Kaum wissen sie den Namen einer Person, wird diese als Freund und Unterhalter angesehen. Die Hygiene der Kinder wird natürlich zu Hause sehr vernachlässigt. Jedes Kind bringt von zu Hause eigenes Besteck und Teller für die Mahlzeit mit. Das Projekt ist meiner Meinung nach sehr gut und bietet den Kindern auch sehr viele Möglichkeiten. Neben einer täglichen Mahlzeit,

Unterhaltung und Schulunterricht werden für die Kinder auch eigene Freizeitaktivitäten angeboten. Beispielsweise holen wir am Samstag die Kinder in Santa Maria ab und verbringen mit ihnen dann einen gemeinsamen Tag im „Parque Carolina" mit Fußballspielen, Yoga und Basteln. Meine vollkommene Zufriedenheit mit dem Projekt ließ meine Trägheit aufgrund des Wetters und anderer Probleme verschwinden. Ich fühle mich wohl."

Wir nehmen den Text mehrmals auf. Bettina gehört neben Claudia zu den Mädels, die mit Barbara in der Zeit vor Südamerika viel unternommen haben. Häufig haben sich die beiden im Dorf getroffen und über Erlebnisse aus ihrer Alltagswelt diskutiert. Derzeit kommt es mir so vor, als ob sich diese Freundschaft auf mich überträgt. Bettina ist in den letzten Wochen eine wichtige Stütze für mich geworden. Manchmal, so wie auch heute, können wir sogar die Tatsache ausblenden, warum wir eigentlich die Zeit miteinander verbringen. Erst spät fahre ich zurück nach Hause.

Die nächsten Tage verbringe ich mit dem Suchen geeigneter Texte und Fotos. Aufgrund der gemeinsamen Vorbereitungen hat es sich ergeben, dass ich bei der Organisation mithelfe. Zeit für solche Betätigungen steht mir im Moment reichlich zur Verfügung.
Während der nächsten Sitzung, die vor dem Eingang des Klausner Jugendraums stattfindet, sprechen wir über die Bands, die beim Konzert auftreten werden. Da wir bereits über sämtliche Zusagen verfügen, müssen wir lediglich die zeitliche Abfolge des Abends planen. Über die Frage, die dabei hauptsächlich zu lösen ist – welche Band während des Abspielens der Präsentation spielen wird –, diskutieren wir gerade. Zum einem sollten die Bandmitglieder einen persönlichen Bezug zur ganzen Sache haben, zum anderen sollte unser Projekt nicht zu früh vorgestellt werden. Außerdem möchten wir die Festivalbesucher nicht zu einer

emotionalen und traurigen Stimmung verleiten. Eine nicht einfache Aufgabe steht uns bevor.
Wir kommen zum Schluss, dass zur musikalischen Untermalung unserer Präsentation die Band „Mrs. Golden Shower" am besten geeignet ist. Außerdem sind Hannes, Daniel, Matthias, Christian und Simon, die in der Band spielen, Freunde von mir.

Meine Gedanken am nächsten Morgen gehen wieder zu Nadine. Auch wenn unser Gespräch in Barbian nur kurz war, fühle ich, dass es etwas Wertvolles für mich ist. Soll ich ihre Handynummer herausfinden? Da mich dieser Gedanke den gesamten Tag über verfolgt, beschließe ich, ihn in die Tat umzusetzen. Während des Benefizkonzerts habe ich erfahren, dass Nadine mit einer Freundin nach Brasilien gehen möchte. Diese Tatsache könnte als Vorwand für ein Treffen dienen. In meinem Handy finde ich die Nummer von Claudia. Sie geht in dieselbe Klasse der 5. Oberschule wie Nadine und kann mir sicher behilflich sein. Ich tippe ins Handy:
„Liebe Claudi. Ich hab gehört, dass Nadine mit einer Freundin nach Brasilien gehen möchte. Ich würde gerne mit ihr darüber sprechen. Denkst du, das würde klappen?"
Nach einer Weile antwortet Claudia:
„Möchtest du ihre Nummer?"
Genau das wollte ich hören. Nachdem ich dieses erste Ziel erreicht habe, lasse ich noch ein wenig Zeit vergehen, bis ich die erste Nachricht an Nadine versende. Sehr lange denke ich über die Formulierung der Sätze nach. Die Tatsache, dass ich noch am selben Tag ein Treffen mit Nadine und ihrer Freundin Kathrin arrangieren kann, zeigt mir, dass meine Worte gut gewählt waren. Bereits in zwei Tagen werde ich nach Brixen fahren, um dort mit den Mädels über ihr geplantes Vorhaben zu reden. Sie werden dabei ähnliche Absichten verfolgen wie Barbara und ich in Ecuador. Erst in einem Entwicklungsprojekt arbeiten, dann das Land bereisen. Ich kann das Treffen kaum erwarten.

Als es endlich so weit ist, fahre ich mit dem Auto nach Brixen. Erst seit wenigen Tagen erlaubt die Beugung meines Knies das Bedienen eines Fahrzeuges. Bobby begleitet mich. Er wird mir in dieser Situation sicherlich eine Hilfe sein und für eine lockere Atmosphäre während des Spaziergangs sorgen.
Nadine und Kathrin erwarten mich auf dem Domplatz von Brixen. Wir verbringen einen angenehmen Nachmittag und können über vieles reden. Ich versuche den Blickkontakt zu Nadine aufrechtzuerhalten und ihr dabei indirekt zu verstehen zu geben, dass ich mir wünsche, dass ein nächstes Treffen ohne Kathrin stattfindet. Allerdings bin ich mir nicht sicher, ob Nadine das auch möchte. Ich finde sie sehr hübsch!
Nach dem Verabschieden verstärkt sich meine Unsicherheit, worauf mein Kopf den gesamten gemeinsam erlebten Nachmittag in seine Einzelteile zerlegt. Habe ich mich total daneben benommen?

In den nächsten Tagen starte ich, in der Hoffnung eines weiteren Treffens, einen regelmäßigen SMS-Kontakt mit Nadine. Die Gedanken an sie lenken mich von denen an den Unfall ab. Sogar das Aufstehen am Morgen fällt mir leichter. Anscheinend wirke ich auch nicht uninteressant auf sie. Wir treffen uns bald wieder und sprechen dabei über meine und ihre Vergangenheit. Da ich überzeugt davon bin, dass mein Hund zur Auflockerung der Gespräche beiträgt, habe ich wieder Bobby dabei. Nachdem wir bereits über einige Dinge aus unserem Leben gesprochen haben, kommen wir zum unausweichlichen Thema. Nadine ist sehr gläubig und spricht davon, dass uns Barbara vom Himmel aus beobachten wird. Ich hingegen möchte einfach die Zeit mit ihr genießen und dabei ausblenden, was Barbara von diesem Treffen halten könnte. Anfänglich gelingt mir nicht nur dies, vielmehr ermöglicht meine volle Konzentration auf den augenblicklichen Moment sogar das Ausblenden der Tatsache, dass Nadine im Oktober für ein halbes Jahr nach Brasilien gehen wird.

Bewusst wähle ich für unsere Treffen immer besonders schöne Gegenden in der Nähe von Brixen. Nadine und ich haben uns bereits öfters gesehen. Am heutigen Tag sitzen wir in einem Restaurant beim Fischerteich in Vahrn. Ich lade sie zum Essen ein. Durch diese schönen Momente mit Nadine gewinne ich neue Hoffnung. Nadine und ich sprechen sehr bald auch über Tiefgründiges. Ich genieße diese Unterhaltung und unmittelbar nach dem Essen umrunden wir den Teich. Dabei versuche ich Nadine das erste Mal ein wenig näher zu kommen. Allerdings lässt ihre Reaktion darauf schließen, dass ihre Besorgnis und Unsicherheit größer sind als erwartet. Immer wieder fragt sie nach Barbara oder macht Anzeichen, die Zweifel aufkommen lassen. Zwar höre ich ihr aufmerksam zu und nehme ihre Äußerungen ernst, dennoch möchte ich der Vergangenheit in Nadines Anwesenheit nicht so viel Raum lassen. Ich kann wohl auch kaum beim Gedanken, Nadine zu küssen, von Barbara reden.
Als wir uns auf einer Bank ausruhen, erzählt Nadine von ihrer Vergangenheit und ich höre ihr gerne zu. Ihre Zurückhaltung und bewusste Distanz gegenüber unbedachten Aktionen macht sie für mich besonders interessant.
Mitten im Gespräch sorgt Bobby für Aufregung, da er gerade einen toten Fisch aus dem See geholt hat. Der Versuch, ihm den Fisch aus dem Mund zu nehmen, scheitert an der Schnelligkeit des Hundes. Unsere zum Teil ernsten Gespräche erhalten so eine heitere Abwechslung.

Wir spazieren weiter. Schön langsam und vorsichtig möchte Nadine im Gespräch mit mir alle Unsicherheiten, die gegen eine Bindung zwischen uns beiden sprechen, beseitigen, bevor eine übereilte Reaktion, die nicht mehr rückgängig gemacht werden kann, ihre Zukunft mitentscheiden könnte. Ich bin bereit, ihr die Zeit zu geben.

Nach einer weiteren Runde um den See küssen wir uns. Meine Bemühungen erreichten ihr Ziel keinesfalls durch aufdringliches Verhalten, sondern durch geduldiges Abwarten. Da ich in meinem bisherigen Leben noch nie ein Mädchen nur aus Laune oder Zeitvertreib während eines gemeinsamen Ausfluges geküsst habe und da aus meiner ohnehin schwierigen Situation daraus noch mehr Probleme resultieren könnten, erkläre ich ihr sofort, wie ernst ich es meine. Nadine glaubt mir meine Worte und fühlt sich danach besser. Heute haben wir einen ersten Schritt in die Richtung einer gemeinsamen Zukunft getan. Aber erst die nächsten Wochen werden zeigen, ob die anfängliche aufregende Phase auch in ruhigeren Zeiten Bestand hat. Ich bringe Nadine zum Bus und gebe ihr einen Abschiedskuss.

RENE UND SANDRA AUS BERLIN

In Ecuador haben Barbara und ich viele junge Menschen aus Deutschland kennengelernt. Einige haben mit uns gearbeitet und in derselben Wohnung gelebt oder befanden sich auf der Durchreise. Mehrere von ihnen stammen aus der Hauptstadt Berlin. Sie haben in der Zwischenzeit vom Unfall in Peru erfahren. Rene und Sandra, mit denen ich in den letzten Tagen regen E-Mail-Kontakt hatte, werden mich am Wochenende besuchen. Beide werden die lange Fahrt von Berlin nach Villanders auf sich nehmen, um mich zu sehen, mit mir zu reden und Südtirol näher kennenzulernen. Rene hat in Zusammenarbeit mit der Entwicklungshilfeorganisation *„viventura"* die Freiwilligen auf ihren Einsatz in Ecuador vorbereitet. Sandra arbeitete in der Spanischschule, die Barbara und ich in Quito besuchten. Das Wiedersehen mit den beiden erlebe ich als einen wunderbaren Moment. Auch wenn sie anfänglich ein wenig zurückhaltend wirken, bemerken Rene und Sandra bald,

dass sie mit mir jederzeit über die schrecklichen Ereignisse sprechen können. Mittlerweile sind die beiden ein Pärchen geworden, worüber ich mich sehr freue.
Bei mir Zuhause schauen wir gemeinsam Fotos aus Quito an, sprechen über die schöne Zeit dort und stimmen uns auf das bevorstehende Benefizkonzert ein. Mit jemandem zu sprechen, der die meiste Zeit in Südamerika dabei war, gibt mir ein wunderbares Gefühl, das ich seit meiner Rückkehr nicht mehr hatte. Viele Details, an die ich mich kaum mehr erinnern kann, treten wieder vor meine Augen.
Auch meine Familie erlebt den Besuch der beiden Berliner als etwas Besonderes. Marina begrüßt die beiden freundlich und bezieht später die Couch im Wohnzimmer mit einem Leintuch, damit unsere beiden Gäste die folgenden Nächte darauf schlafen können. Währenddessen berichten uns Sandra und Rene:
„Als die Kinder in Quito nach euch gefragt haben, erzählten wir ihnen zuerst nicht die Wahrheit. Mit unseren Freunden der Unterkunft „Vida Verde“ haben wir zusammen gebetet und Kerzen angezündet.“
Die Erzählungen aus meiner „alten Heimat“ bewegen mich sehr.
Rene und Sandra zeigen sich begeistert von Südtirol, und die Tatsache, dass sie mein Zuhause und meine Heimat so schön finden, macht mich besonders glücklich.
Ich denke, dass das vor uns liegende Wochenende wieder ein Stück weit dazu beiträgt, mein ins Schwanken geratenes Leben wieder ein wenig zu stabilisieren.

BENEFIZKONZERT – 23.05.2009

Morgen ist Samstag und ich muss frühzeitig nach Bruneck zum Vorbereitungsseminar für meinen Sommerjob bei den Kinderfreunden. Aus diesem Grund gehe ich bald schlafen. Da ich Rene und Sandra am morgigen Tag nicht zum Stadtbesuch nach Brixen begleiten kann, stelle ich ihnen meinen Freund Tobias als Ortskundigen zur Seite, der für das Wochenende extra aus Graz angereist ist.

Das Seminar erlebe ich an diesem Samstag als das bisher längste meines Lebens. Meine Gedanken sind ständig beim Konzert und der Frage, wie die Präsentation ankommen wird. Der Blick auf die Uhr zeigt mir, dass die Zeit stehen zu bleiben scheint.

Endlich ist das Seminar zu Ende und ich fahre nach Villanders. Im Auto neben mir sitzt Julia, eine Freundin aus Villnöß, die ebenfalls dieses Seminar besucht, weil sie im Sommer denselben Job machen wird wie ich. In Villanders angekommen, spazieren wir zum Festivalgelände. Dort erblicke ich sofort Sandra und Rene. Sie berichten mir, dass sie einen schönen Tag hatten.

Die Berge, die sich hinter dem Konzertgelände auftürmen, faszinieren Sandra und Rene so sehr, dass sie einige Minuten stehen bleiben und diesen herrlichen Anblick genießen. Danach hören wir uns zusammen die zweite Band des Abends an und indessen stelle ich ihnen einige Freunde vor. Da die Präsentation bald bevorsteht, gehen wir Organisatoren das letzte Mal alle Details durch und stellen Kerzen und Fotos von Barbara, Helmut und Esther auf die Bühne. Kurz nach 22 Uhr beginnt der Auftritt von „Mrs. Golden Shower“. Meine Schwester steht bei mir. Neben den vielen Jugendlichen, werden bald auch die Eltern von Barbara, Esther und Helmut eintreffen. Die Dämmerung hat soeben eingesetzt, das Gelände füllt sich und der letzte Song der Band rückt immer näher. Unzählige Male habe ich über diesen Moment nachgedacht. Nun ist er da!

Unter den Konzertbesuchern befindet sich auch Nadine. Da wir beide unsere Beziehung selbst kaum einzuordnen wissen, möchten wir unser Näherkommen noch nicht der Öffentlichkeit bekanntgeben.

In diesem Moment setzt Stille ein. Daniel, der Sänger der Band, steht am Mikrofon:
„Ich bitte um Ruhe und Aufmerksamkeit nach dem folgenden Song."
Jetzt singen sie ein Lied von der Erinnerung an verstorbene Menschen. Unmittelbar nach dem Song erscheint die Leinwand oberhalb der Bühne. Das Video springt an. In den folgenden Minuten hören die Konzertbesucher unsere aufgenommenen Worte. Später ertönt meine Stimme. Ich erschrecke zuerst ein wenig, da in den kommenden Minuten so viele Menschen die von Barbara geschriebenen Worte hören werden. Leider zeigen sich nicht sehr viele Besucher des Festivals wirklich am Inhalt meiner Worte interessiert, scheint mir, da mein Text durch Stimmengewirr übertönt wird. Erst als anschließend die Fotos auf der Leinwand erscheinen, wird es schlagartig leise. Zeitgleich setzt die Band mit ihrem letzten Song wieder ein und erzeugt eine hochemotionale Stimmung. Das Projekt in Quito, gemeinsame Erlebnisse von Barbara, Helmut und Esther und mir sowie die Perureise werden in dieser Reihenfolge gezeigt. Dann erscheint das letzte Foto der Präsentation. Helmut, Esther und Barbara stehen während einer Pause der Stadtrundfahrt durch Arequipa im „Sightseeing"-Bus und winken mir zu. Nun wirkt es so, als winkten sie allen Menschen zu, die sich hier versammelt haben. So, als möchten sie sagen: „Auf Wiedersehen."

Trotz der tragischen Ereignisse bin ich in diesen Sekunden von Hoffnung erfüllt.
„Verabschiede sie, wie du die Wasser des Flusses, die ins Meer münden, fließen lässt –

wissend, dass sie morgen zurückkommen und Regen auf deinem Antlitz sein werden", steht unter dem Foto geschrieben.
Plötzlich sieht mich meine Schwester mit wässrigen Augen an, umarmt mich und beginnt zu weinen. Auch ich lege meine Arme um ihre Schultern, doch Tränen verliere ich diesmal keine. Während der Umarmung vernehme ich ein lautes, anhaltendes und starkes Händeklatschen. Dieser Ausdruck von Begeisterung lässt mich erahnen, dass die Präsentation bei den Festivalbesuchern gut angekommen ist. Ich bin nicht nur der Band, sondern allen, die mitgeholfen haben, sehr dankbar dafür.

Der Abend schreitet voran, als mit einem Mal Nadine vor mir steht. Wir benehmen uns in der Masse der Leute ziemlich zurückhaltend. Die Frage an Nadine:
„Wollen wir nicht kurz das Festivalgelände verlassen?", gibt uns die Möglichkeit gemeinsam über den heutigen Abend, der u. a. meiner verstorbenen Freundin gewidmet ist, zu reden. Aufgrund des abrupten Wechsels zwischen Hochs und Tiefs innerhalb weniger Stunden verspüre ich Lust, Nadine zu küssen und damit alles um mich herum zu vergessen. Sie teilt mit mir diesen Wunsch.

Als letzte Band des heutigen Abends treten die „Pamstiddn Kings" auf. Sie haben sich in Südtirol und über seine Grenzen hinaus als Unterhaltungsband einen Namen gemacht. Einige von ihnen sind Freunde von mir. Besonders die Bandmitglieder Florian und Roland, die aus Villanders kommen, haben Barbara, Esther und Helmut sehr gut gekannt.
Mit dem ersten Song der „Pamstiddn Kings" beginnt die anwesende Menschenmenge zu tanzen und zu singen. So gut wie jeder kennt die Texte und will den Abend mit Vollgas ausklingen lassen. Da die Band aus Villanders in ihrem Heimatort spielt, kommt eine besondere Stimmung auf.

Bei mir macht sich diese durch meine lockere Bewegung und mittlerweile gute Laune bemerkbar.
Nadine befindet sich in unmittelbarer Nähe. Manchmal blicke ich für einige Sekunden zu ihr und warte ihre Reaktion ab. Ihr Lächeln überwältigt mich immer wieder von Neuem. Es ist ein phantastischer Moment und das Konzert wird zum vollen Erfolg. Es ermöglicht uns, die Summe von 10.000 € „unserem" Hilfsprojekt in Quito zu spenden.

MEIN NEUER WEG

Die Treffen mit Nadine werden in den kommenden Wochen häufiger. Sie und ich haben verstanden, dass wir unsere Gefühle nicht mehr zu verstecken brauchen. Jeden Tag gebe ich ihr zu verstehen, wie wichtig sie für mein Leben ist.
Die Physiotherapie, die ich regelmäßig besuchen muss, bringt mich nach Brixen und damit zu Nadine. Wir nutzen die Zeit für gemeinsame Erlebnisse. Die Enten im Vahrner See, die Ruhe in den Wäldern und die Spazierwege in Brixen tragen – in dieser Phase des Frisch-verliebt-Seins – zu einer schönen Zeit bei, die ich sehr genieße.

Heute wollen wir gemeinsam nach Vahrn zur Kneippanlage fahren. Dort machen wir es uns auf einer Bank gemütlich und genießen die Zeit. Ich bin nachdenklich. Der Grund dafür ist, dass ich Nadine fragen möchte, ob wir fortan offiziell ein Paar sein wollen. Ich fühle mich unsicher und bringe die passenden Worte nicht über meine Lippen. Eine Zeitlang sorge ich durch heitere Themen für Ablenkung. Als später meine Gedanken um die hohen Hürden, die ich in den letzten Wochen überspringen musste, kreisen, erwächst in mir ein neues Selbstvertrauen und ich bin bereit für die Frage. Nadine antwortet mit einem breiten Lächeln im Gesicht:

„Ja."

In diesem Augenblick interessiert es mich kaum, dass Nadine im Herbst für ein halbes Jahr nach Brasilien gehen wird. Diese Tatsache unterstreicht meine gegenwärtige Lebenseinstellung: Jede Sekunde genießen, egal, was kommen mag. Da ich selbst erfahren habe, wie kurz das Leben sein kann, empfinde ich meine Einstellung, jeden Augenblick zu genießen, als sehr sinnvoll.
Was mir an meinem momentanen Lebensstil jedoch auf Dauer Probleme bereiten könnte, ist die Tatsache, dass ich zurzeit ziemlich viel trinke. Aber mit einem Glas Wein in der Hand fühle ich mich gleich mutiger. Auch mit Nadine möchte ich gerne ein Glas Wein trinken. Sie steht meiner derzeitigen Angewohnheit in Bezug auf Alkohol jedoch mit sehr kritischen Augen gegenüber. Daher kann ich sie nur schwer dazu überreden, mich zu Marina ins Weinbistro „Vinus" zu begleiten. Es gelingt mir dann doch.
Mit einem Glas Wein in der Hand traue ich mich dann über Barbara zu sprechen. Nadine zeigt sich interessiert. Sie hat eine besondere soziale Gabe. Nachdem ich bezahlt habe, verlassen wir die Bar. Dann trennen sich die Wege von Nadine und mir für den heutigen Tag.

Mit dem Gedanken, dass ich wieder eine Freundin habe, liege ich im Bett. Ich bin aufgewühlt und durcheinander. Hatte ich in der Zeit vor Nadine keine Freundin? Bei der Präsentation des Festivals war von Barbaras Freund Aaron die Rede. Und nun?
Mein Herz wird große Aufgaben übernehmen müssen, falls Nadine und ich in eine gemeinsame Zukunft gehen wollen. Dennoch bereue ich es nicht, sie so schnell kennengelernt zu haben. Womöglich ist sie die Antwort auf den von mir erlebten Schicksalsschlag!
Irgendwie stehe ich mir selbst im Weg. Zwar möchte ich nicht übereilt in ein Leben ohne Barbara gehen, doch tue

ich dies jeden Tag. Ist eine neue Liebe wirklich wie ein neues Leben?

20. JUNI 2009

Diese euphorische Phase erlebt am 20. Juni 2009 ein zwischenzeitliches Ende.Tags zuvor findet ein Grillen mit den Organisatoren des Konzerts statt. Auch Artur ist am Abend anwesend. Nachdem wir gegessen haben, lassen wir uns für einen Zeitungsbericht fotografieren. Ein Artikel mit dem Inhalt, dass wir, die Jugendgruppe „Kaktus" aus Villanders, gemeinsam mit der Jugendgruppe „Kaos" aus Klausen im Rahmen eines Benefizkonzertes 10.000 Euro für das Projekt „Para dar Esparanza" in Quito sammeln konnten, wird in der „Dolomiten" erscheinen.
Anschließend sitzen wir noch eine Weile zusammen. Wir warten darauf, dass es Mitternacht wird. Außer Ewald, der an diesem Tag Geburtstag hat, kennen wir alle noch eine weitere Person, die am 20. Juni geboren ist. Ihr Name ist Barbara.
Trotz allem möchte ich, dass Ewald seinen Geburtstag genießen kann. Doch als der Augenblick da ist, versagen alle Schutzmechanismen, die ich mir aufgebaut habe. Als mich meine Jungs umarmen, muss ich mir eingestehen, dass mir Barbaras Geburtstag extrem an die Substanz geht. Gedanken an Barbaras frühere Geburtstage sowie an schöne gemeinsame Erlebnisse schießen mir durch den Kopf. Der heutige Tag soll ihr gehören. Mein Gefühlsausbruch nimmt seinen Lauf und ich breche in Tränen aus.
Erst einige Zeit später schaffe ich es, Ewald zum Geburtstag zu gratulieren. Florian stimmt auf seiner Gitarre ein Lied für die beiden Geburtstagskinder an.

Früh am nächsten Morgen muss ich darüber nachdenken, wie schnell ein Leben beendet sein kann, was wirklich zählt und welche enormen Kräfte Liebe auslösen kann.
Ich versuche mir vorzustellen, wie Barbara aussieht, und erschrecke fast, als ich bemerke, dass ich dabei Schwierigkeiten habe. Wahrscheinlich sorgen die Intensität der letzten Wochen in Kombination mit meinem selbstzerstörerischen Lebensstil dafür, dass ich bestimmte Einzelheiten schnell vergesse.

Heute findet eine Messe in Villanders statt und ich möchte einen Text für Barbara vortragen und anschließend vor der versammelten Gemeinschaft ihren Geburtstag erwähnen. In der Kirche herrscht eine ganz besondere Stimmung. Ich habe das Gefühl, dass sich die Menschen im Gotteshaus sehr miteinander verbunden fühlen und dieses Gefühl der Zusammengehörigkeit durch ihre Ruhe ausdrücken. Die Kraft, die von der Menschenmenge ausgeht, nimmt mir meine Hemmungen auf dem Weg zum Altar, um dort die vorbereiteten Sätze zu lesen.
Zu gerne würde ich mich jetzt von außen beobachten und erfahren, was die Leute über mich denken. Bereits seit einiger Zeit plagen mich die Gedanken über die Gedanken anderer.
So wie mir Artur aufgetragen hat, spreche ich laut, langsam und deutlich. Der kurze Blick in die Bänke, in denen sich die Gläubigen verteilt haben, lässt mich feststellen, dass einige ältere Frauen Tränen in den Augen haben. Ich versuche konzentriert zu lesen. Als der Text beendet ist, beginnt mein Herz zu rasen. Abermals schaue ich auf und blicke bis in die letzte Stuhlreihe der Kirche zurück. Ich würde gerne einen abschließenden Satz sagen. Sehr bemüht und voller Mut sage ich:
„Liebe Barbara, alles Gute zu deinem 20. Geburtstag.“

Ich verlasse das Rednerpult und den Altarraum, um mich wieder in meine Kirchenbank zu setzen. Dort fühle ich,

wie mein Herz seinen normalen Rhythmus wiederfindet. Vom Chor ertönt ein sehr langsames Stück, das für eine äußerst emotionale Stimmung sorgt.
Nachdem die Messe beendet ist, verlasse ich mit den Mädels die Kirche. Zusammen besuchen wir die drei Gräber. Jenes von Barbara ist heute besonders schön dekoriert. Blumen, Figuren, Gedenktafeln liegen auf der Erde, die ihren Sarg bedeckt. Ich stehe vor dem Kreuz. Meine Gedanken sind sehr chaotisch. Ist Barbaras Geburtstag ein Anlass, zurückzukehren zu alten Gefühlen, oder soll ich in die Zukunft schauen? Ich versuche ihr meine Situation, meine Gefühlswelt in Gedanken zu erklären:
„Barbara, ich werde dich immer lieben. Es tut mir leid, aber wenn ich tot wäre, dann würde ich mir auch nur das Beste für dich wünschen.“
Nach dem Aufenthalt auf dem Friedhof kehre ich nach Hause zurück.

Textpassage von Artur Schmitt:

GIBT ES EINEN SCHULDIGEN?
Es ist Ende Mai des tragischen Jahres. Die Sonne scheint und Aaron und ich machen einen Spaziergang rund um Neustift. Von einem meiner Lieblingsplätze aus kann man auf die Klosteranlage hinunterschauen. Dort gibt es eine Bank, auf die wir uns setzen.

Artur: *„Hier an der Stelle hat das ZDF die Fernsehaufnahmen mit mir gemacht. Du glaubst gar nicht, wie viele Leute mich darauf angesprochen haben. Stell dir vor, die wollten unbedingt einen Bericht über Deutsche in Südtirol drehen. Mich erinnerte die Reportage an einen Werbefilm, schon der Titel „Auf der Sonnenseite der Alpen“ könnte aus einem Tourismusprospekt stammen.“*

Aaron: *„Wobei die Kulisse bei dem schönen Wetter tatsächlich etwas Unwirkliches an sich hat. Das Blau des Himmels und die schneebedeckten Berge erinnern mich direkt wieder an Peru. Ich denke ständig darüber nach, dass wir Anfang Mai gemeinsam zurückkommen wollten. Der Unfall hat das zerstört und ich weiß nicht, wem ich die Schuld dafür geben soll."*

Artur: *„Das ist für uns oft das Schwierigste. Wenn wir etwas nicht ändern können, dann suchen wir wenigstens einen Schuldigen. Zumindest der Busfahrer muss ja schuld gewesen sein! Oder? Und wenn niemand Schuld gehabt hat?"*

Aaron: *„Ich mache mir schon manchmal Vorwürfe, da ich eigentlich für unsere Reiseroute zuständig war. Wenn wir einen anderen Bus ausgesucht hätten, dann wäre der Unfall nicht passiert."*

Artur: *„Da gäbe es wohl viele „Wenn" bei eurer Reise. Ihr hättet einfach nur einen Tag später oder auch früher unterwegs sein brauchen. Oder stell dir vor, ihr hättet einfach eine ganz andere Reiseroute genommen. Und was wäre gewesen, wenn ihr überhaupt nicht nach Südamerika gegangen wärt? Schließlich habe auch ich euch dazu ermutigt!"*

Aaron: *„War dann die gesamte Reise zu gefährlich für uns?"*

Artur: *„Aaron, viele Leute reisen jedes Jahr nach und durch Südamerika. Ich habe selbst zwei Jahre in Brasilien gelebt und bin unzählige Male mit dem Bus durch das Land gereist. Nichts ist passiert. Natürlich ist jede Reise auch mit einem Risiko verbunden. Du kannst dich wahrscheinlich nicht an den schlimmen Busunfall im Gadertal erinnern, bei dem 1993 fast 20 Menschen ums Leben kamen. Die haben sich sicherlich auch keine Gedanken über die Risiken ihrer Reise gemacht."*

Aaron: *„War das dann alles nur Schicksal und unausweichlich? Ich denke schon, dass Busfahren in Peru generell gefährlicher ist als bei uns."*

***Artur:** „Ok! Das sagen einem die Statistiken. Aber sag das doch mal den Südtirolurlaubern, die damals den Unfall im Gadertal überlebt haben. Meinst du, für die ist Busfahren hier sicherer als in Peru?“*
***Aaron:** „War denn dann unser Unfall wirklich unvermeidbar? Glaubst du nicht an so etwas wie Bestimmung?“*
***Artur:** „Ich glaube daran, dass Dinge in unserem Leben öfters einfach passieren und dass es keinen Sinn hat, immer nach dem „Warum“ zu fragen. Manchmal geht es eben darum, Ereignisse anzunehmen und zu akzeptieren, auch wenn sie uns wehtun. Mir ist klar, dass das kein großer Trost für dich ist, aber ich bin davon überzeugt. Es gibt da ein ziemlich abgedroschenes Gebet, das trotzdem eine große Wahrheit enthält: Gott, gib mir die Gelassenheit, Dinge hinzunehmen, die ich nicht ändern kann, den Mut, Dinge zu ändern, die ich ändern kann, und die Weisheit, das eine vom anderen zu unterscheiden.“*
***Aaron:** „Ja wenn das so leicht wäre. Artur lass uns zurückspazieren!“*
***Artur:** „Ok!“*

Aaron und ich kehren ins Kloster zurück und besuchen noch kurz unseren Stiftskeller. Kurz darauf fährt er nach Hause.

***Aaron:** „Danke für alles!“*
***Artur:** „Nix zu danken, pass auf dich auf, Aaron!“*
***Aaron:** „Mach’s gut und bis bald!“ //*

SOMMERJOB

Am kommenden Montag beginnt meine Arbeit im Sommerkindergarten in Villnöß. Bei der Ankunft auf dem Parkplatz des Dorfes St. Peter erblicke ich Julia, die hier

ganz in der Nähe wohnt. Sie wird neben zwei weiteren Betreuerinnen meine Arbeitskollegin sein. Ich begrüße sie. Aufgeregt diskutieren wir über unsere Erwartungen im Kindergarten und begeben uns schließlich in das für uns und die Kinder reservierte Haus. Nachdem auch die beiden anderen Mädels aus Villnöß eingetroffen sind, fühlen wir uns für den Ansturm der Kleinen bereit.
In Quito hatten wir zu fünft bis zu achtzig Kinder gut unter Kontrolle, doch hier scheint das nicht so einfach. Einige der Kinder sind sehr lebendig, andere hingegen ruhig. Außerdem haben wir Kinder der unterschiedlichsten Altersklassen zu betreuen. Das erschwert die Gestaltung von gemeinsamen Aktivitäten. Diesem Problem versuchen wir mit der Einteilung in Gruppen entgegenzuwirken. Besonders freut es mich, dass wir den Fokus unserer Arbeit auf Erlebnisse in der Natur legen sollen. Mindestens zwei Mal die Woche organisieren wir Betreuer größere Ausflüge in die Umgebung. Das gesamte Tal hat wirklich viel zu bieten und ich merke, dass die Zeit mit den Kindern in der Natur sehr wertvoll für mich ist. Als besonderen Höhepunkt für die Kleinen nehme ich an diesen Tagen auch meinen Hund Bobby mit. Obwohl mir die Arbeit mit den Kindern gefällt, muss ich zugeben, dass die Situation für mich merkwürdig ist. Ich vergleiche die Kinder häufig mit denen in Quito und bin manchmal enttäuscht über ihre Unzufriedenheit, denn im Projekt von Quito sorgte bereits ein Luftballon für Begeisterungsrufe.
Das Problem liegt bei mir. Meine schrecklichen Erfahrungen führen dazu, dass ich für mich Ablenkungen suche. Ich habe gehofft, dass ich durch die Arbeit mit den Kindern wieder glücklich werde. Aber ich erkenne, dass die Beschäftigung mit den Kindern in der Tagesstätte meinen Schmerz nicht lindern kann.

Weiterhin scheint Nadine der letzte Tropfen Hoffnung zu sein, ein wenig Freude in meinem Herzen empfinden zu können. Die freie Zeit unter der Woche und am Wochen-

ende möchte ich deshalb mit ihr verbringen. Allerdings rückt ihre Abreise im Oktober immer näher.
Die Zeit bis dahin möchte ich bestmöglich mit ihr nutzen und nach wie vor besuchen wir die schönsten Plätze unseres Landes, um so richtig viel Kraft zu tanken. Wir machen Ausflüge zu den verschiedensten Seen, um die notwendige Abkühlung an den heißen Sommertagen zu genießen. Da Nadine im Gastgewerbe arbeitet und entsprechende Arbeitszeiten hat, versuchen wir unsere Zeiten aufeinander abzustimmen.
Den Sommer 2009 erlebe ich als eine wunderschöne Zeit. Neben meinem Job, der mir sehr viel gibt, und Nadine, mit der ich liebend gern unterwegs bin, verbessern auch meine Freunde meine Stimmung. Ich habe das Gefühl, dass ich in der Zwischenzeit genügend Kraft entwickelt habe, um wieder langsam, aber sicher Ja zum Leben zu sagen.

Textpassage von Artur Schmitt:

INNSBRUCK
Es ist schon ein großer Luxus, den ich mir leiste. Fast jede Woche bin ich zwei Tage in Innsbruck und versuche meine Doktorarbeit voranzubringen. Die Doktorarbeit ist nicht der einzige Luxus, den ich meine. Es ist auch die Wohnung, in der ich mich gerade befinde. Ich teile sie mir mit einem Freund aus Südtirol. Er benutzt sie am Wochenende und ich unter der Woche. So kommen wir uns nie in die Quere. Es ist zwar nur eine kleine Ein-Zimmer-Wohnung, aber dafür ist sie optimal gelegen. In nur fünf Minuten bin ich zu Fuß an der theologischen Fakultät.
Ich stehe im 5. Stock am Fenster und schaue hinunter auf die Innsbrucker Museumsstraße. Aaron müsste gleich auftauchen. Seit zwei Wochen hat das Herbstsemester wieder angefangen und wir haben beschlossen, unsere Treffen hier in Innsbruck fortzusetzen. Mittlerweile ist er

nicht mehr mein „Patient“, sondern wohl eher ein Freund geworden. Eigentlich habe ich damit einen Fehler gemacht. In jedem Grundkurs Psychologie kann man hören, dass in der Begleitung von Menschen der Abstand sehr wichtig ist. Nun! Diesen Abstand haben wir wohl verloren. Doch kommt mir vor, dass es für alle Beteiligten so gut ist. Mein Handy klingelt! Aaron steht unten vor der Tür. Vielleicht sollten wir doch einmal einen Namen auf die Klingel schreiben!? Ich mache auf und warte auf ihn.

Artur: *„Na! Hat das Studium wieder gut begonnen?“*
Aaron: *„Es geht so. Irgendwie ist es immer noch ungewohnt für mich.“*
Artur: *„Wen wundert es? Du hast jetzt über ein Jahr Pause gemacht. Und den größten Teil davon nicht gerade freiwillig. Komm herein, ich habe uns etwas zu essen gemacht.“*

Ich kann nicht behaupten, dass meine Kochkünste großartig sind, doch reichen sie aus, um etwas einigermaßen Schmackhaftes zu bereiten. Mit einem guten Glas Wein schmeckt es gar nicht mal so schlecht!

Aaron: *„Man riecht es schon!“*
Artur: *„Ich habe mir gedacht, dass wir einfach hierbleiben. Wir haben uns eh schon drei Wochen nicht mehr gesehen.“*

Wir setzen uns. Ich habe mein „Spezialgericht“ gemacht: Ein Bio-Huhn mit einem ganzen Berg Gemüse einfach eine Stunde im Backofen braten und fertig. Immer wieder wundere ich mich darüber, mit wie viel Appetit Aaron essen kann. Irgendwie beneide ich ihn darum, dass er essen kann, so viel er will, und dabei kein Gramm zunimmt. Er hat eher das gegenteilige Problem. Er würde gerne zunehmen und kann es nicht. Für jemanden, der, seit er sich erinnern kann, mit seinem Übergewicht kämpft, ist das fast ein Grund, neidisch zu werden.

Artur: *„Weißt du, wie oft ich dieses Gericht in Brasilien gekocht habe!? Wenn unsere Haushälterin im Pfarrhaus frei hatte, dann habe ich entweder Nudeln mit Ragout oder Huhn mit Gemüse zubereitet. Geflügel hat es sehr oft gegeben. Es ist einfach das billigste Fleisch und viele haben einen Hühnerstall hinter dem Haus. Selbst in Sao Paulo."*
Aaron: *„Wir haben in Ecuador Pizza gemacht. Ich kann mich noch gut daran erinnern, dass wir ziemlich enttäuscht waren, weil unser Essen bei den Kindern nicht so gut ankam."*
Artur: *„Das ist wohl ein gutes Beispiel dafür, dass gut gemeint nicht immer auch gut getroffen ist. Um andere Menschen kennenzulernen und ihre Kultur auch nur halbwegs zu verstehen, braucht es einfach eine lange Zeit. Das Essen ist nur ein kleiner Teil davon."*
Aaron: *„Wir hätten Südamerika gerne noch besser kennengelernt. Drei oder vier Monate geben einem zwar schon einen Einblick, aber um ein fremdes Land auch nur ansatzweise zu verstehen, braucht es sehr viel mehr Zeit."*
Artur: *„Wenn ich daran denke, wie ich damals nach Brasilien gekommen bin. Ich konnte kaum ein Wort Portugiesisch und wusste vom Land nicht viel mehr, als jeder Tourist, der einen zweiwöchigen Urlaub dort verbringen will. Ich ärgere mich heute über meine eigene Überheblichkeit! Ich habe tatsächlich gedacht, dass die nur auf mich gewartet hätten und dass ich ihnen jetzt zeigen würde, wie man alles richtig macht."*
Aaron: *„Was richtig macht?"*
Artur: *„Na eben alles! Aus der Ferne betrachtet denkt man sich, dass sie doch sowieso selber schuld an ihrer Armut sind und dass es nur etwas Geschick und Fleiß bräuchte, um ihre Situation zu verbessern. Bevor ich damals nach Brasilien bin, habe ich von Freunden und Mitbrüdern relativ viel Geld anvertraut bekommen, um dort ein soziales Projekt zu unterstützen. Ich habe mir eingebildet, dass ich mit meinem Geld dort einfach nur ankommen und Gutes tun kann. Dabei musste ich zunächst einmal so vieles über*

Esther, Helmut und Barbara

Möge dein Weg dir freundlich entgegenkommen. Möge die Sonne dein Gesicht erhellen. Möge der Wind dir den Rücken stärken und der Regen um dich herum die Felder tränken. Möge der gütige Gott dich in seinen Händen halten.
(Aus Irland)

Kreuz an der Unfallstelle

Das Kreuz ist den Menschen der letzten Jahrtausende als Marterpfahl der Hinrichtung bekannt und als Wahrzeichen der Opferbereitschaft. Nur wenige haben darin das uralte Zeichen des Treffpunkts erkannt, an welchem die von oben einbrechende Liebesordnung den Weg der Weltgesetze überschneidet.
(Waldemar Bonsels)

Aaron bei seinem Besuch der Unfallstelle vor seinem Rückflug nach Südtirol (2009)

Eigentlich war alles selbstverständlich:
dass wir miteinander sprachen, gemeinsam nachdachten,
zusammen lachten, weinten, stritten und liebten.
Eigentlich war alles selbstverständlich
– nur das Ende nicht – .

Andenkondor oberhalb des Colca-Tals

Und meine Seele spannte, Weit ihre Flügel aus,
Flog durch die stillen Lande, Als flöge sie nach Haus.
(Joseph von Eichendorff)

Der Unfallort heute

Harald und Markus nach dem Unfall in Peru

Immer dann, wenn für einen Menschen mehr getan wird, als er jemals zurückzahlen kann, ist dies die einzige Art von Zuwendung, die man als Liebe bezeichnen kann.

Artur und Aaron – zwei gute Freunde

Mit Nadine im Urlaub

Mein neuer Weg …

die Menschen dort, über ihre Kultur und Tradition lernen, dass es fast zwei Jahre gedauert hat, bis ich anfangen konnte im materiellen Sinn zu helfen.“

***Aaron:** „Mir ist aufgefallen, dass es eh nicht auf die materielle Hilfe ankommt. Wir haben nur ganz wenig Geld dabei gehabt, als wir in Südamerika waren, und das haben wir für unsere Reise gebraucht. Aber bei den Kindern in unserem Projekt sind wir mit etwas Zuneigung und ein paar guten Ideen einfach angekommen.“*

***Artur:** „Stimmt! Anderen Menschen mit der eigenen Zeit und mit den eigenen Fähigkeiten zu helfen geht schneller und ist doch gleichzeitig viel kostbarer. Ich hatte auch nicht erwartet, dass die Menschen dort viel mehr Wert auf mein einfaches ‚Da-sein' legen würden als auf meine finanziellen Möglichkeiten.“*

***Aaron:** „Was hast du denn schließlich mit dem Geld angefangen, das deine Freunde dir mitgegeben haben?“*

***Artur:** „Wir haben in einer Favela unserer Pfarrei in Sao Paulo einen Kindergarten gebaut. Der Pfarrer dort ist einfach ein geschickter Kerl. In diesem Elendsviertel gab es bereits eine kleine Baracke, die der Kirche gehörte. Dort feierten wir immer am Sonntagnachmittag einen Gottesdienst. Das Grundstück haben wir genutzt, um eine Kombination aus Kindergarten und Kirche zu bauen, die gleichzeitig als Gemeindesaal genutzt werden kann. Es ist für das Umfeld dort ein wirklich schöner Bau geworden. Bei der ganzen Bauerei habe ich gelernt, wie wichtig es gerade für arme Menschen ist, dass sie eine schöne Kirche haben. Wenn dein ganzes Leben von Armut bestimmt ist, so möchtest du wenigstens eine Kirche haben, die dir das Gefühl von Geborgenheit gibt und auf die du stolz sein kannst.“*

***Aaron:** „Nadine bereitet sich mit ihrer Freundin jetzt auf die Reise nach Sao Paulo vor. Irgendwie bin ich schon neidisch auf sie! Ich würde gerne wieder starten. Zum einen, weil mir vorkommt, dass ich es hier kaum aushalte und mir fast alles auf die Nerven geht, und zum anderen,*

weil ich den Gedanken nicht ertrage, wieder alleine zu sein. Wir haben uns gerade aneinander gewöhnt und jetzt müssen wir uns schon wieder für ein halbes Jahr voneinander verabschieden."
ARTUR: *„Ach Aaron! Wahrscheinlich ist es sogar gut so! Ich habe dir schon öfters gesagt, dass mir das Ganze mit dir und Nadine eh fast zu schnell gegangen ist. Vielleicht ist das jetzt die Chance, zu schauen, ob das wirklich etwas Ernstes mit euch beiden ist, oder ob du nur jemanden gebraucht hast, der dich tröstet und dir über die Einsamkeit hinweghilft."*
Aaron: *„Ja Artur, ich kenne deine Denkweise. Trotzdem weiß ich, dass ich Nadine von ganzem Herzen liebe. Die Frage, wie es zu Liebe kommt, kann sich wohl jedes Pärchen, das behaupten kann, glücklich zu sein, sparen! Ach, ich glaube, dass ich im Moment einfach nur weg von hier will. In der Erinnerung erscheint mir mein Leben in Südamerika viel positiver als mein gegenwärtiges.*
Artur: *„In diesem Sinn habe ich mich auch in Brasilien verliebt. Vielleicht schaffen wir es, einmal gemeinsam nach Südamerika zu reisen. Du zeigst mir Ecuador und Peru und ich zeige dir Brasilien! Wäre doch gar keine schlechte Idee! Oder?"*

An diesem Abend schmieden wir noch lange Pläne für unsere große gemeinsame Südamerika-Reise. Auch wenn unsere Vorstellungen von einer Reise hinsichtlich Komfort und Fortbewegungsmittel durchaus unterschiedlich sind, Aaron ist eben noch Student, erscheint uns ein solches Unternehmen durchaus sinnvoll. Wir würden die Orte besuchen, an denen jeder von uns eine Zeitlang gelebt und seine ganz eigenen Erfahrungen gemacht hat. Vielleicht ist irgendwann einmal die Zeit reif dafür. //

ALLTAG IN INNSBRUCK UND AUF REISEN

Ich bin froh darüber, dass ich mir in den ersten Wochen nach dem Krankenhausaufenthalt in Brixen unzählige Gedanken gemacht habe, Fotos unserer Peru-Reise angeschaut und die ganze Trauer intensiv durchschritten habe. Die volle Wucht der Trauer anzunehmen hilft mir jetzt, das Erlebte gut loszulassen. Ich fühle mich jedenfalls gut und meine Freunde sollen auch davon erfahren. Sie haben mich aus dem tiefen, dunklen Loch herausgeholt und mir geholfen einen begehbaren Weg für mich zu finden. Dieser Weg ist allerdings nur dort, wo ich gerade stehe, hat keinen Anfang und kein Ende. Beim Blick zurück erkenne ich einen enorm breiten Graben, in den ich nach dem Busunfall gestürzt bin. Mein Weg vor diesem Graben ist von wunderbaren Momenten in Südamerika gekennzeichnet. Doch was kommt danach? Warum sehe ich keine richtungsweisenden Schilder, sondern nur eine große Kreuzung mit unzähligen Abbiegungen? Diese Abbiegungen können mir nicht signalisieren, ob die eingeschlagene Richtung die richtige ist. Werde ich dies jemals erfahren?
Ich denke an den Spruch: **„Es ist vollkommen egal, wie oft man im Leben hinfällt, das einzig Wichtige ist, dass man immer wieder aufsteht“.** Dieser Gedanke stärkt mich. Ja ich stehe, aber keinesfalls auf meinen eigenen Beinen. Meine Gehhilfe besteht aus der Summe der Mitmenschen, die für mich da sind. Nicht nur meine Familie, Freunde, Nadine, sondern auch Artur, der mir auf sehr viele Fragen eine für mich hilfreiche Antwort gegeben hat. All diese Menschen bilden meine Stützen. Die Vergangenheit hat sich als Fleck in mein Herz gebrannt, doch die Welt dreht sich weiter. Sie dreht sich immer und mitmachen, was auch kommen mag, lautet die Devise.
Die Sehnsucht nach Liebe ist uns allen gegeben und hat sich schlussendlich wieder durchgesetzt. Durch das Kennenlernen eines einzigen Menschen, durch Nadine, schien es mir als, könnte ich mit einem Male alles schaffen. Es

wäre zu schön gewesen, wenn dieses Gefühl niemals geendet hätte. Doch nun beginnt wieder ein einsamer Blick in die Zukunft.
Nadine ist bereits in Sao Paolo/Brasilien. Ursprünglich hatte sie geplant, dort mehrere Monate in einem Hilfsprojekt der Organisation für eine solidarische Welt zu arbeiten. Aufgrund organisatorischer Schwierigkeiten scheiterte diese Zusammenarbeit. Trotzdem sind Nadine und ihre Freundin Kathrin auf eigene Faust nach Sao Paolo geflogen. Durch die Vermittlung von Artur sind sie dort in einem Kloster untergekommen, dass unter anderem einen Kindergarten führt. Der Pfarrer der dortigen Pfarrei heißt Mario und wird sich in den ersten drei Monaten ihres Aufenthalts um die Mädels kümmern. Drei Monate! Ich sitze in meinem Zimmer in Innsbruck und denke ständig an den vergangenen Sommer und an Nadine. Ich höre nur selten von Nadine. Aber ich denke sehr oft an sie. Wie übersteht man solche Umstände? Neue Aufgabe, neue Situation, neuer Härtefall. Auch bin ich nicht mehr zu Hause, wo sich jeden Tag meine Familie und meine Freunde um mich gekümmert haben. Ich bin in Innsbruck mit der Fortsetzung meines Studiums beschäftigt.
Die Tatsache, dass Nadine so weit weg ist, erweckt in mir ein großes Fernweh. Ich möchte so viel wie möglich reisen, damit ich in der Zwischenzeit auch etwas von der Welt zu sehen bekomme. Einige Freunde und Freundinnen studieren oder wohnen in europäischen Städten, die ich gerne besuchen möchte. Ich versuche die Gelegenheit zu nutzen, um dorthin zu kommen. Zusammen mit Cristian werde ich als Erstes nach Bologna fahren. In dieser italienischen Stadt studieren unsere Freundinnen Ruth und Carmen.
In Bologna angekommen, verbringen wir zusammen ein wirklich abwechslungsreiches und schönes Wochenende, doch kaum bin ich zurück in Innsbruck, beginnt abermals der triste Alltag, der mir sehr große Schwierigkeiten bereitet.

Im Sommer fühlte ich mich bereits als Sieger über Tod und Trauer. Nun kommt plötzlich alles schlagartig in seiner ursprünglichen Härte zurück. Nadine hat mich abgelenkt von allem Kummer und den Sorgen, doch diese Zeit ist für die nächsten Monate vorbei.
Jeden Tag versuche ich mir zu sagen, dass das Leben schön ist. Jeden Tag stehe ich auf und stelle mir die Frage, warum mich diese Welt noch brauchen könnte. Ich kaufe mir einige Bücher, die sich mit schwierigen Lebenssituationen und mit dem Leben nach dem Tod beschäftigen. Viele der Autoren schreiben darüber, dass das Finden Gottes die einzig wahre Aufgabe der Menschen ist. Zu lieben, wie er es uns gelehrt hat, ist die Bestimmung jedes Einzelnen. In meiner momentanen Situation verstärkt das Lesen dieser Texte allerdings meine starke Sehnsucht nach Nadine. „Weder Kavallerie noch Infanterie, noch die Marine hat mich vernichtet, nein, es war eine andere, neue Streitmacht, die mich niedergestreckt hat, allein mit den Augen", steht im Buch „Das hohe Lied der Liebe" von Anselm Grün.

Im Kraftraum der Sportuniversität Innsbruck kann ich meine Aggressionen abbauen. Außerdem baue ich durch die Übungen den Muskel meines rechten Oberschenkels, der durch die unfallbedingte Verletzung ziemlich gelitten hat, wieder auf. Aber es geht mir weder körperlich noch psychisch gut. Immer wieder versuche ich mir positive Gedanken einzureden. Liebe überwindet sogar den Tod, warum dann nicht eine halbjährige Trennung? Der Gedanke an das Wiedersehen mit Nadine ist in dieser schweren Zeit meine einzige Quelle des Glücks. Die kurzen Telefonate und die E-Mail-Nachrichten sorgen dafür, dass die Flamme nicht erlischt.

Meine zweite Reise in diesen Monaten führt mich nach Albenga. Diese bezaubernde italienische Stadt gehört zur Region Ligurien und ist wirklich schön. Der Grund, weshalb ich hier bin, ist Georg, ein Freund aus Villnöß. Er sammelt in Ligurien berufliche Erfahrungen im sozialen Bereich und möchte seine Kenntnis der italienischen Sprache vertiefen.

Den ersten Abend verbringen wir in seiner Wohnung und kochen zusammen. Außerdem besprechen wir die Route, die wir in den kommenden Tagen mit einem gemieteten Auto abfahren möchten. Bereits am nächsten Morgen packen wir unseren Proviant, das Zelt und den Schlafsack in den hinteren Bereich des Wagens und los geht die Fahrt Richtung Monaco. Wir erfreuen uns an der traumhaft schönen Landschaft entlang der Küste und erblicken Monaco zuerst von einem Berg aus, der oberhalb der Stadt thront. Hier legen wir einen Halt ein, um zu fotografieren, und essen eine Kleinigkeit. Die Stadt von oben und dahinter das Meer zu sehen macht mich glücklich. **In schönen Momenten der Stille kann ich Kraft tanken. Ich denke an Nadine, ich denke an Barbara und an die Zeit dazwischen.** Nun bin ich mit Georg hier und versuche zur Ruhe zu kommen. Leider ist dies schwerer umzusetzen, als gedacht. Der Tod von Barbara hat mich verändert und der Abschied von Nadine belastet mich sehr. Mein psychischer Zustand ist nach wie vor labil und der Versuch, so viele Orte wie möglich zu bereisen, scheint mir in gewissen Momenten nichts als eine sinnlose Suche nach Unauffindbarem. Nichtsdestotrotz genieße ich die Zeit mit Georg und die Möglichkeit, die Stadt Monaco bald näher kennenzulernen. Als Formel-1-Fan kenne ich bestimmte Stadtteile bereits aus dem Fernsehen und erahne, dass mich prachtvolle Häuser und Yachten erwarten werden. Mit unserem FIAT Doblo fahren wir in die Stadt, parken in der Nähe des Ortes, wo die Formel-1-Boliden alljährlich in das Rennen gehen, und laufen zu Fuß weiter. Als wir an den unzähligen Luxusschiffen vorbeispazieren, erwachen in mir kritische Gedanken. Diese luxuriöse Welt ist mir fremd. Wie können die Menschen nur in solcher Verschwendung leben und ein Vermögen für eine Yacht ausgeben? Meine Zeit in Südamerika hat mich geprägt und ich werde wohl nie verstehen, wie Menschen so verschwenderisch sein können. Sehr nachdenklich schreite ich langsam an der Seite von Georg voran. Die vielen Villen, das Casino, Hochhäuser und Yachten wirken sich negativ auf mein Gemüt aus und wir beschließen, uns einen Platz zu suchen, wo wir uns ausruhen können. Ein wenig oberhalb der Stadt finden wir ein ruhiges Plätzchen. Mich beschäftigt die ungerechte Verteilung von materiellen Gütern auf unserer Erde. Wie kann es sein, dass es hier auf wenigen Quadratkilometern so viel Geld gibt, während die meisten Bewohner Ecuadors in Armut leben? Wie gemein, verrückt, egoistisch und herzlos ist die Welt? Mein Zorn über die Stadt wird immer größer und führt dazu, dass ich sie am liebsten niederbrennen möchte. Dieser Glanz verzaubert die Leute, die bisher jeden Kontakt mit der Armut gemieden haben. Sie leben in ihrer abgeschirmten, heilen Welt. Die Stadt erzeugt in mir Emotionen, die ich bisher nicht kannte. Deshalb bin ich froh, hierhergekommen zu sein.

Am nächsten Morgen geht die Fahrt weiter nach Nizza und dann ins französische Landesinnere. Dort erblicken wir stundenlang kaum Häuser oder Menschen. Es ist bereits Abend geworden, als wir La Tour, eine kleine hochgelegene Ortschaft, die nicht besonders viel zu bieten hat, erreichen. Da unser eigentliches Ziel zu weit entfernt ist, um heute noch frühzeitig hinzukommen, machen wir hier Halt und erleben durch das Zelten in der Wildnis eine nicht alltägliche Abwechslung.
Der folgende Tag beinhaltet eine schöne Wanderung durch den nahe gelegenen Canyon und die Rückfahrt nach Italien mit Zwischenstopp am Strand. Dort bereiten wir uns mit unserem Gaskocher Nudeln zu und gönnen uns ein kühles Bier. Ein tolles Erlebnis! Später am Abend kehren wir mit dem Auto zurück in die Wohnung von Georg und am nächsten Morgen verlasse ich diese schöne Gegend.

VERLUSTANGST

Meine Hoffnung, dass Nadine nichts zustößt, und meine Angst, dass immer was passieren kann, führen dazu, dass ich über weite Teile des Tages angespannt bin. Der Unfall in Peru hat mich den Wert meines Lebens vergessen lassen, doch der meiner Mitmenschen ist ungemein gestiegen. Mich um alle Personen zu kümmern, die ich im Laufe meines Lebens ins Herz geschlossen habe, kann ich nicht bewerkstelligen. Doch bereits der fortwährende Gedanke daran, dass ein unkontrollierbares Geschehnis einen geliebten Menschen aus meinem Umfeld reißen könnte, macht mich fast verrückt.

Zum einen ermöglicht mir die Fernbeziehung mit Nadine immer wieder etwas Ablenkung von den vergangenen dramatischen Ereignissen, zum anderen entsteht für mich dadurch ein neues Problem. Die Sehnsucht und die Angst sind kaum zu ertragen und führen dazu, dass ich mich oft in meine eigene Welt verkrieche. Leider bekommen gerade die Menschen in meiner nächsten Nähe meine Probleme zu spüren und ich kann meinen Vorsatz, ihnen stets mit Offenheit und Gutmütigkeit zu begegnen, kaum erfüllen. Ich erkenne in dieser Zeit, dass meine persönlichen Probleme sehr viel größer sind, als im Sommer angenommen. Damals haben mir mein Umfeld, die tägliche Abwechslung, das Kennenlernen von Nadine und auch der Alkohol dabei geholfen, alle meine Sorgen über Bord zu werfen. **Nun muss ich auf meinen eigenen Beinen stehen und damit komme ich nicht so gut zurecht.**

Jede Situation kann immer aus zwei komplett gegensätzlichen Perspektiven betrachtet werden. Der positiven und der negativen. So habe ich durch Nadine, nachdem Barbara gestorben ist, wieder neue Kraft gefunden und kann darauf bauen und hoffnungsvoll in die Zukunft blicken. Auf der anderen Seite ist Nadine so weit weg, dass ich außer Sehnsucht und Unwohlsein nichts spüre. Nun kann ich selbst entscheiden, welche dieser beiden Perspektiven in

meinem Leben dominieren soll. Die Kraft der Gedanken kann eine zerstörerische oder auch eine beruhigende Wirkung auf mein tägliches Leben haben. Ich entscheide! Doch es scheint mir, ich bin im Moment nicht einmal Herr über meine Gedanken. Die tägliche Flut an Informationen, Nachrichten und vielem mehr tragen dazu bei, dass mein sowieso bereits belasteter Kopf nicht besonders aufnahmefähig ist. Den regelmäßigen Besuch von Vorlesungen schaffe ich daher nur mit geringer Konzentrationsleistung. **Nichtsdestotrotz hat mich meine Vergangenheit gelehrt, dass das Aufgeben von Zielen ein persönliches Todesurteil ist, daher versuche ich mit vollem Einsatz die täglichen Aufgaben zu meistern.**
Wie schwierig sich die Verarbeitung der Vergangenheit darstellt, wird mir dann in einer Nacht in meiner Traumwelt vor Augen geführt: Barbara, Esther und ihre Eltern sind bei einem gemeinsamen Ausflug. Später verbringe ich Zeit mit Barbara. Wir schwimmen zusammen einige Meter in einem See. Nachdem wir uns zum Trocknen auf das Handtuch gelegt haben, bekomme ich plötzlich einen Anruf. An meinem Handy, das direkt neben dem Handtuch liegt, nehme ich den Anruf entgegen. Es ist Nadine. An die genauen Worte des Gesprächs kann ich mich später nicht erinnern, allerdings ist mir klar, dass Barbara wissen wollte, wer diese Nadine sei.

Als ich erwache, möchte ich so schnell wie möglich das Bett verlassen, damit ich auf andere Gedanken komme. Dies erweist sich heute als besonders schwer. Ich kann mein linkes Bein kaum mehr bewegen und habe starke Schmerzen im Knie. Hat das irgendetwas mit dem Traum zu tun? Zwar bin ich schon des Öfteren darauf aufmerksam gemacht worden, dass die Verarbeitung eines Traumas während des Schlafes normal ist, doch dass ich mich danach kaum mehr fortbewegen kann, ist mir neu. Nach einer halben Stunde sind die Gehunfähigkeit und der Schmerz im Knie verschwunden und damit habe ich einen weiteren Beweis

für die enormen körperlichen Auswirkungen, die mein psychischer Zustand hat.
Mein Körper drückt in Form von Beschwerden aus, wenn die Seele leidet.

Bald ist der 22. November 2009, mein Geburtstag. Mein erster Geburtstag seit dem Unfall.
Ich beschließe, zu meinem Geburtstag eine kleine Party im Jugendraum von Villanders zu veranstalten. Dies soll meine Beziehung zu den Freundinnen und Freunden von Barbara, Esther und Helmut aufrechterhalten und zeigen, dass ich gerne mit ihnen allen gemeinsam feiern möchte. Daneben lade ich, in der Hoffnung auf eine tolle Feiernacht, meine Freunde aus Klausen und Umgebung ein.
Als es dann so weit ist, fahre ich zusammen mit Harald, seinen Kindern und unserem Vater zum Jugendraum. Sie möchten sich meine Feier nicht entgehen lassen. Im Partyraum auf einem der Schränke stehen drei Fotos in einem einheitlichen durchsichtigen Rahmen. Die Fotos zeigen die lachenden Gesichter von Barbara, Esther und Helmut. Diese drei Fotos unserer verstorbenen Freunde sollen zur Erinnerung an sie hier in diesem Jugendraum bleiben.
Die drei blicken auf mich herab, während ich meinen Geburtstag feiere. Ich, der Einzige von uns vieren, der das Busunglück überlebt hat. Am heutigen Tag bewirken meine Freunde etwas. Ich bin mir bewusst, dass der Unfall in Peru beinahe verhindert hätte, dass ich meinen Geburtstag feiern kann. Wer darüber entscheiden hat, dass ich heute und hier mit meinen Freunden feiern soll und darf, ist mir immer noch unklar. Neben Gott, der für mich in gewisser Weise mit Schicksal gleichzusetzen ist, spielt für mich besonders der Busfahrer eine Rolle. Doch bilden die Handlungen des Fahrers nur das Ende einer langen Entscheidungskette. Wären wir überhaupt erst nicht nach Südamerika aufgebrochen, so könnte ich mit Barbara, Helmut und Esther auf meinen Geburtstag anstoßen. Ich merke, dass die Was-wäre-wenn-Frage mich

nicht zufriedenstellt und ich möchte heute einfach nur die Feier mit meinen Freunden genießen.
Mittlerweile sind meine Gäste, auch die Klausner, eingetroffen und die Band hat begonnen zu spielen. Daniel, der Sänger, hat soeben ein „Happy Birthday“ angestimmt. Ich freue mich über die vielen Glückwünsche und bin dankbar für diese Momente, die mir Kraft für die Zukunft geben. Kurz nachdem die Uhr Mitternacht geschlagen hat, ertönt mein Handy. Ich nehme es in die Hand, schaue darauf und erblicke eine SMS mit dem Namen „Schatzi“ darunter. Nadine hat mir soeben eine lange Nachricht mit den allerschönsten Wünschen aus Sao Paolo geschickt. Ich freue mich sehr darüber und lese den Text mehrmals durch. Die Party ist noch lange nicht zu Ende. Viele bleiben bis in die frühen Morgenstunden, sodass ihre Kräfte am folgenden Tag wohl begrenzt sein werden.
Nicht so bei mir. Peter und Marianna, die Eltern von Barbara und Esther, sowie Walter und Rosmarie, die Eltern von Helmut, wollen gemeinsam mit mir bei einem Törggelen meinen Geburtstag feiern. Auch Artur Schmitt ist mit dabei.
Wir erleben alle gemeinsam einen ausgesprochen schönen Abend und die Stimmung ist sehr gut. Nach dem Törggelen kehren wir noch bei uns zu Hause ein. In diesem Moment lese ich eine SMS von Nadine, in der sie mir schreibt, dass ich „skype“ auf online schalten soll. Sie schreibt auch kurz, dass dies eine Geburtstagsüberraschung sei und ihr Geschenk an mich. Ich folge ihrer Bitte nur zu gerne und so kann Nadine ein Video auf mein Profil laden. Ich freue mich sehr auf die Videobotschaft, weil ich Nadine seit langer Zeit wieder sprechen höre und ich freue mich riesig über ihre Glückwünsche und das portugiesische Geburtstagslied, dass sie und Kathy gemeinsam vortragen.
Ich sehe es als Geschenk, dass ich wieder einen Menschen habe, den ich lieben kann und der mir Kraft spendet.
Neben der Freude über das Video erinnert mich diese Nachricht auch an die Tatsache, dass ich morgen in Inns-

bruck eine Prüfung habe. Und ich denke, dass auch mein Studium eine weitere Kraftquelle für mich ist und ich dadurch ein klares Ziel habe, das ich in meinen Leben erreichen möchte.
Am nächsten Tag fahre ich mit dem Zug nach Innsbruck. Dort angekommen, fahre ich mit dem Fahrrad in meine Wohnung und nutze die letzten Stunden vor der Prüfung zum Lernen. Am Ende dieses Tages weiß ich, dass der Spaß am Vortag keine negativen Konsequenzen für meine Konzentration gehabt hat. Prüfung bestanden!

ROM – EINE WEITERE REISE

Die nächste Reise führt mich in die Hauptstadt Italiens. Zusammen mit meinem Innsbrucker Wohnungskollegen Thomas und zwei weiteren Freunden verbringe ich das Wochenende um den 5. Dezember in Rom.
Die lange Fahrt bestreiten wir mit dem Nachtzug. Bereits kurz nach unserer Ankunft bestaunen wir bekannte Sehenswürdigkeiten wie die Piazza Venezia, das Forum Romanum oder das Pantheon. Wir sind davon begeistert, hier ständig auf neue architektonische Highlights zu stoßen.
Natürlich besichtigen wir etwas später auch das Kolosseum. Dieser Besuch ist Pflicht, wenn man nach Rom kommt.
Das Kolosseum gilt als eines der Wahrzeichen Roms. Beim Durchschreiten des Amphitheaters beeindruckt die Größe der einzelnen Stein- und Betonsegmente ganz besonders. Zusammen mit Thomas, Philipp und seiner Freundin erlebe ich die eindrucksvolle Stimmung, die von einem Bauwerk von solcher Schönheit ausgehen kann.
Nach unserem Besuch im Circus Maximus ist unsere Gruppe reif für eine Verschnaufpause. Am Trevibrunnen und an der Spanischen Treppe finden wir zur Ruhe. Jetzt

spüre ich, dass ich erschöpft bin und mein Interesse für die alten kunstvollen Bauwerke abnimmt. Ich denke, dass das womöglich damit zusammenhängt, dass ich auf Reisen, wo es Neues zu entdecken gibt, immer das Fehlen meiner verstorbenen Freundin Barbara bemerke; jede Reise wird irgendwie ein Kampf mit meiner Vergangenheit, mit diesem Verlust, den ich erlitten habe. Denn vor dem Unfall habe ich Neues immer zusammen mit Barbara erfahren und später mit Nadine. In meinem Kopf überschlagen sich die Gedanken und unzählige Empfindungen kommen in mir hoch. Barbara ist gestorben und Nadine in Brasilien.
Der Trevibrunnen – den wir bereits hinter uns gelassen haben – ist bekannt dafür, dass viele Touristen, die ihn besuchen, mit dem Rücken zum Brunnen stehen und dabei eine Münze mit der rechten Hand über die linke Schulter ins Wasser werfen. Dieses Ritual soll Glück bringen und dafür sorgen, dass man bald wieder nach Rom zurückkehrt.
Es soll ja so sein, dass die Stadtverwaltung dieses Geld, das nicht etwa in der Nacht von Dieben und von hungernden Obdachlosen, sondern von städtischen Beamten aus dem Brunnen geholt wird, wohltätigen Zwecken zukommen lässt. Dieser Gedanke gefällt mir. Am Abend sitzen wir in einer Bar und lassen den Tag gemütlich ausklingen.

Am nächsten Morgen stehe ich auf dem Petersplatz und bestaune die Größe und herrliche Gestaltung dieses prachtvollen Platzes. Mein Mund bleibt offen und ich fühle mich klein. So vieles erscheint bei diesem Anblick in einem völlig anderen Licht. Wichtiges wird unwichtig, Ehrfurcht ergreift mich.
Fasziniert bin ich auch vom Ausblick, den ich von der Kuppel der Peterskirche aus habe, nachdem wir die 500 Stufen hinaufgestiegen sind. Ich genieße den wunderschönen Panoramablick über den Vatikan, den Petersplatz und das ihn umgebende Rom. Hier, im architektonischen Zentrum des katholischen Glaubens, verfolgen mich besonders zwei

Gedanken. Zum einen ist es die Suche nach Sinn und das Festhalten an Gott. **Ich denke, dass ich ohne den Glauben an Gott, an ein Weiterleben nach dem Tod und die Tatsache, dass ich noch eine Aufgabe habe in diesem Leben, es nicht geschafft hätte, nach diesem schweren Verlust weiterzuleben.** Irgendwie ist immer Hilfe dagewesen, wenn ich sie gebraucht habe. **Ich denke, dass wir, wenn wir alleine nicht mehr weiterkommen, immer Unterstützung von Gott erhalten, in Form von Menschen, die für uns da sind und die uns begleiten.**

Zum anderen ist es der Reichtum der Kirche, der mich sehr nachdenklich macht. Ich denke an die Armut in Peru, die Barbara und ich gesehen haben, und daran, wie viel Hilfe und finanzielle Unterstützung in den Entwicklungsländern notwendig wäre.

Die vatikanischen Museen mit den jahrhundertealten päpstlichen Kunstsammlungen sowie die Sixtinische Kapelle runden unser heutiges Tagesprogramm ab.

Am nächsten Morgen verlassen wir Rom. Zurück bleiben Erinnerungen an eine imposante Stadt, die unglaublich viele künstlerische und architektonische Höhepunkte aufzuweisen hat.

Solche Reisen tun mir gut, auch wenn ich in vielen Momenten wehmütig werde und eine intensive Traurigkeit in mir hochkommt, weil ich mir bewusst werde, dass meine Freundin an meiner Seite fehlt.

DAS ERSTE WEIHNACHTEN NACH DEM UNGLÜCK

Weihnachten steht vor der Tür. In den insgesamt drei Wochen, die bis dahin noch bleiben, möchte ich mit meiner Familie und meinen Freunden Zeit verbringen. Das ist mir ein sehr großes Bedürfnis.
Auch mag ich es sehr, mit meinen Freunden rodeln zu gehen und draußen in der Natur zu sein. Das gibt mir Kraft.
Die frische Schneeluft zu riechen, die verschneiten Hänge, den blauen Himmel und die Berge zu erblicken, erfüllt mich mit Freude.
Ich denke viel nach, auch über den Missbrauch von Alkohol. Ich bin glücklich darüber, dass ich gemerkt habe, dass das übermäßige Feiern mit Alkohol mir nicht weiterhilft. Ich kann gut verstehen, dass viele Menschen mit Alkohol ihren Kummer zuschütten, und nur zu schnell passiert es dann, dass man in eine Sucht fällt. Zum Glück bin ich meilenweit davon entfernt. Allein schon, dass ich mir dieser Tatsache bewusst bin, dass ich einen guten, positiven Weg eingeschlagen habe, indem ich versuche in die Natur hinauszugehen und Neues mit Freunden und Familie zu erleben, macht mich stark. Außerdem kann ich in freier Natur von der Hektik, die in der Weihnachtszeit künstlich produziert wird, Abstand gewinnen.
Mir scheint in diesen vorweihnachtlichen Tagen, dass der Sinn des Weihnachtsfestes großteils verloren gegangen ist. Mir kommt es so vor, als wäre es für die einen aus rein wirtschaftlichen Gründen die wichtigste Zeit des Jahres, für die anderen hingegen eine Zeit des Feierns in vollen Zügen, bei Glühwein und Punsch. Ich glaube, dass Weihnachten nur mehr für wenige Menschen eine besinnliche Zeit darstellt. Für mich ist der Heilige Abend mehr denn je das Fest der Familie. Ich bin in dieser Weihnachtszeit erstaunlich ruhig und gelassen.

Am 24. Dezember möchte ich in erster Linie mit Nadine telefonieren. Von Villanders nach Sao Paolo zu telefonieren ist sicherlich nicht ganz billig, doch heute ist mir das egal. Nach dem Wählen einer langen Zahlenkombination nimmt Nadine den Hörer des dortigen Haustelefons ab. Sie freut sich, meine Stimme zu hören. Sie berichtet mir sehr ausführlich über die vergangenen Tage im Projekt, die Arbeit mit den Kindern und das Leben in den Elendsvierteln. Die beiden Südtirolerinnen fühlen sich wohl in ihrer Tätigkeit und sind glücklich, sich diesen Traum erfüllt zu haben.
Es macht mich hingegen nicht glücklich, eine Fernbeziehung führen zu müssen, auch wenn ich weiß, dass es nur vorübergehend ist. Der Gedanke, dass Nadine bei „Padre" Mario in sichern Händen ist, gibt mir ein wenig Gelassenheit. Eine weitaus größere Unsicherheit fühle ich angesichts ihrer bevorstehenden Reise durch das Land. Plötzlich sind alle meine Verlustängste und die Erinnerungen an das schreckliche Busunglück wieder da – und dazu der Gedanke, dass zwei hübsche Frauen, die alleine durch Brasilien reisen, dies wohl kaum unbeobachtet von der Männerwelt tun können. Weitere Bedenken bereitet mir die hohe Kriminalitätsrate in den brasilianischen Städten. Während des gesamten Gespräches fühle ich einen Druck in der Brust, eine leicht depressive Stimmung. Diese Tatsache beeinflusst natürlich das Gespräch. Doch Nadine besitzt den Glauben an uns und unsere Liebe und ist gewillt, diese trotz der enormen Distanz aufrechtzuerhalten. Sie verfügt außerdeum über die nötige Kraft, auch mich davon zu überzeugen und mich zu beruhigen. Ich wünsche ihr eine ruhige und erholsame Weihnachtszeit. Dann ist das Gespräch beendet.
Ich helfe meiner Mutter bei den Vorbereitungen für das Familienfest. Marina und Harald, meine beiden Geschwister, sind in der Zwischenzeit mit ihren Freunden in Brixen unterwegs. Als die beiden zum Essen eintreffen, ist unsere Familie vollständig. Am Tisch sitzt auch unsere Großmutter aus Vilpian, die die Festtage mit uns teilen wird. Ich

erlebe ein sehr abwechslungsreiches und erfülltes, zufriedenes Fest.
Ich bin sehr froh darüber, dass ich Nadine und meine Familie habe, und ich schicke einen lieben Gedanken an Barbara, Esther und Helmut.

WILLKOMMEN 2010!

Das Jahr 2009 neigt sich dem Ende zu – das Jahr, das so einschneidend und prägend für mein Leben war. Zuversichtlich und voller Hoffnung schaue ich dem neuen Jahr, dem Jahr 2010, entgegen.
Silvester verbringe ich mit meinen engsten Freunden in Klausen. Im Jugendraum findet eine Vorfeier statt. Anschließend spazieren wir auf den Paterhügel, um von dort die Feuerwerke in der Umgebung anzusehen. In diesen Minuten erlebe ich, dass meine Gedanken hauptsächlich um Nadine kreisen, und mich erfüllt eine starke Sehnsucht. Ich möchte bei ihr sein. Aber sie feiert weit weg von mir, in Rio de Janeiro, der weltbekannten Stadt Brasiliens, während ich mich auf einem Hügel in Klausen befinde. Um Mitternacht brechen unzählige belastende Gedanken über mich herein. Ich kann mich kaum der Sehnsucht erwehren. Ich fühle mich sehr allein.
Dennoch denke ich: 2009 ist vorbei und ich will all das Leid hinter mir lassen. Die größten Tiefs habe ich hoffentlich überstanden und ich stehe wieder auf meinen eigenen Beinen, kann klar denken und habe meine Freunde in meiner Nähe. Meiner Familie geht es gut. Ich bin nicht allein.

Erst am Abend des Neujahrstages kann ich mit Nadine über „skype“ telefonieren. Dabei erzählt sie voller Emotionen:

„Wir waren in der Silvesternacht auf der Copacabana. Um nicht als Touristen erkannt zu werden, haben wir uns vorher helle Kleidung gekauft. Das hat hier Tradition. Die Strände sind eine riesige Partyzone, überall erklingt brasilianische Live-Musik. Zwei Millionen Menschen sollen da gewesen sein. Wir sahen um Mitternacht ein gigantisches Feuerwerk, das von Booten aus gezündet wurde und die gesamte Copacabana in ein prächtiges Farbenmeer tauchte. Es war ein Traum, doch ich vermisse dich sehr."
Wie soll ich nun reagieren? Am liebsten möchte ich explodieren, möchte alles über ihr neues Leben wissen. In diesem Moment kommt mir mein Leben vor wie ein langweiliges Dasein und ich stelle es in Frage. Ich versuche Verständnis für ihren Lebenstraum zu zeigen, auch wenn ich mir Gedanken mache über die Männer in Brasilien, die angeblich so aufdringlich wie sonst nirgendwo sein sollen. Und hier ist sie wieder – meine große Verlustangst.

Ich freue mich auf den nächsten Abend. Harald wird am 2. Jänner 35 Jahre, mein Vater einen Tag später 60 Jahre alt. Diese Geburtstage sind ein Grund zum Feiern. Wir veranstalten eine große Party in unserer Garage. Das Fest wird ein voller Erfolg, wir lachen viel und das erfüllt mich mit Zufriedenheit. Ich fühle mich wohl im Kreise meiner Familie und ich bin dankbar dafür, dass ich sie habe. Wir lassen die große Geburtstagsparty in der Diskothek „Nachtigall" ausklingen. Sogar mein Vater ist mit dabei.

DIE PFLICHT RUFT

Nach den ganzen Feierlichkeiten und den Feststagen muss ich mich dransetzen und mich auf mehrere Klausuren vorbereiten. Ich lerne und arbeite sehr intensiv und das strengt mich unheimlich an. Seit dem Unfall habe ich nämlich nicht

mehr mehrere Prüfungen in einer so kurzen Zeitspanne geschrieben. Ich verfolge zielstrebig meinen Weg, bestehe alle Prüfungen und gehe verdient in die Semesterferien.
Den Großteil der Zeit im Februar verbringe ich mit der Arbeit in einer Jungpflanzenfabrik, die sich in Brixen befindet. Mein Vater, der bis vor wenigen Jahren dort arbeitete, hat mir den Job besorgt. Viele der Aufgaben, die ich in der Fabrik zu erledigen habe, sind körperlich anstrengend, weshalb ich meist ziemlich erschöpft nach Hause komme. Zur beruflichen Anstrengung kommt hinzu, dass Nadine ihre Reise immer weiter an der brasilianischen Küste fortsetzt. Sie hat im Gegensatz zu mir eine schöne Zeit. Die kurzen Telefonate, die wir selten führen, tragen meist nur dazu bei, dass ich sie noch mehr vermisse. In dieser Zeit bin ich oft traurig und fühle mich einsam. Ich bin froh, dass der Tag ihrer Rückkehr herannaht.
Ich gehe tapfer meinen Weg und mache vielversprechende Zukunftspläne. Harald erzählt mir von der Möglichkeit, die nächsten drei Sommer als Bademeister im Schwimmbad Klausen zu arbeiten. Allerdings muss ich vorher den dazugehörigen Kurs samt Prüfung absolvieren. Ich nehme die neue Herausforderung an.
Die Erfahrungen im Wasser zeigen, dass durch Training nicht nur Muskeln aufgebaut, sondern auch die Psyche gestärkt werden kann. Ich entwickle eine persönliche Faszination für den Schwimmsport. Das Gefühl der Leichtigkeit meines Körpers im Wasser und die befreienden Bewegungen sorgen für den Abbau von Stress, und mein Kopf wird frei. Ich bin froh darüber, dass ich diesen Schritt gemacht habe und ich merke, dass es im Leben immer wieder bereichernde Augenblicke, Erlebnisse und Dinge gibt, die uns Ansporn sein können, weiterzugehen, nicht aufzugeben und mutig und hoffnungsvoll in die Zukunft zu schauen.

Im Sommersemester, das ich etwas gelassener angehen kann, schmiede ich Urlaubspläne mit meinem Freund Cristian. In den Osterferien möchte ich noch einmal wegfahren

– nach Barcelona. Es tut mir gut, ab und zu wegzufahren, eine andere Umgebung zu erleben, an nichts zu denken und einfach nur den Augenblick zu genießen. Auch bei diesem Kurztrip tanke ich sehr viel Kraft und kann viele schöne Eindrücke mitnehmen.

DAS WIEDERSEHEN

Nadine landet am 7. April zusammen mit ihrer Freundin Kathrin in Mailand. Ein halbes Jahr lang war sie weg. Ein halbes Jahr lang haben wir uns nicht gesehen, nicht berührt. Doch bald ist es so weit.
Das erste Treffen ist schön und ich darf erleben, dass Nadine immer noch „die Alte" ist. Ich umarme sie und gebe ihr zu verstehen, dass dieses halbe Jahr kein einfaches für mich war. Die Arbeit, das Studium, die Weihnachtszeit und meine Sehnsucht nach ihr, meine Verlustängste, mein Gefühl der Einsamkeit, das so oft da war. Nadine schaut mir in die Augen und ich weiß, sie versteht mich und wird fortan wieder für mich da sein.
Im Gespräch merken wir, dass die lange Zeit der Trennung nicht spurlos an uns vorübergezogen ist und wir geduldig eine neue Basis aufbauen müssen – Schritt für Schritt zusammenfinden.
Ich bin dem Himmel dankbar dafür, dass ich so bald nach dem Tod von Barbara eine so feinfühlige, verständnisvolle Freundin gefunden habe, die bereit ist, mich zu begleiten, auch wenn das nicht immer einfach sein wird. Denn das Erlebte, der harte Schicksalsschlag hat mich verändert und oft kommen Gefühle, Traurigkeit, Ängste in mir hoch, Schwäche und Zweifel – doch dann auch immer wieder Hoffnung, Mut und Zuversicht.
Ich bin bereit. Ich gehe meinen Weg durch dieses Leben und bin gespannt darauf, was noch alles kommen mag.

RÜCKKEHR NACH QUITO

Ich bin wieder in Quito. Heute ist der 8. Oktober 2012. Die Möglichkeit, in die ecuadorianische Hauptstadt zurückzukommen, hat sich durch eine Kolumbien-Exkursion innerhalb meines Masterstudiums ergeben. Diese dreiwöchige Forschungsreise führte uns seit Mitte September vor allem in den Norden des südamerikanischen Landes. Die thematischen Schwerpunkte lagen dabei bei den Auswirkungen der Globalisierung und den Versuchen einer nachhaltigen Regionalentwicklung. Kolumbien ist ein abwechslungsreiches, lebhaftes und gastfreundliches Land.
Ich stehe zum ersten Mal seit dem Unglück wieder auf südamerikanischem Boden, wo ich Barbara, Esther und Helmut verloren habe. Untertags bin ich sehr beschäftigt und die Unternehmungen gemeinsam mit der Studentengruppe lenken mich ab. Ich kann meine Gefühle sehr gut verdrängen. Aber in der Nacht, wenn ich meine Augen schließe, muss ich an Barbara, Helmut und Esther denken. Vor fast genau vier Jahren war ich schon einmal hier in Quito. Nun trete ich in die Fußstapfen meiner Vergangenheit, um einige persönliche Dinge zu erledigen. Ein Kreis schließt sich. Mein Aufenthalt in dieser Stadt bedeutet, etwas Altes abzuschließen, um einen Neuanfang starten zu können. So fühle ich. **Mir fällt ein, dass ein Kreis keinen Anfang und kein Ende hat und ich das Alte vom Neuen nicht trennen kann, sondern das Erlebte, das zu mir gehört, in mein neues Leben integrieren kann und muss. Es ist ein Teil von mir und indem ich alles Leid, alles Glück, alles Erlebte zu mir nehme, schließt sich dieser Kreis und ich kann weitergehen.** Leben und Sterben, Lieben und Denken, Träumen und Fühlen sind Teil dieses nicht endenden Laufes.

Mit meinen Studienkollegen Sina, Annika und Michael verbringe ich eine zusätzliche Woche in Quito, ohne universitäre Pflichten. Nach der ersten Stadtbesichtigung können auch meine Freunde behaupten, dass Quito sehr viel zu

bieten hat. Zudem kann ich bestätigen, dass die Entwicklung der Stadt in den letzten Jahren eine sehr positive war. Nach dem gemeinsamen Ausflug bewege ich mich am nächsten Tag alleine zu Orten, mit denen ich viel verbinde. Die Sprachschule, die „Casa Vida Verde“ und der „Parque Metropolitano“ gehören dazu.
Nun sitze ich im Bus Richtung Santa Maria. Es ist der Stadtteil, in dem das Projekt „Para dar Esperanza“ liegt. So wie damals gelange ich ausschließlich mit öffentlichen Verkehrsmitteln in diese Gegend. Vier Mal muss ich den Bus wechseln. Dann bin ich angekommen. Ich stehe vor der Tür, mein Herz schlägt schneller, mein Atem stockt. Ich wage es kaum, die Tür zu öffnen. Ich habe das Gefühl, dass alles über mich hereinbricht. Um mich wieder zu beruhigen, spaziere ich einige Meter weiter. Vom Gelände oberhalb einer steilen Böschung erblicke ich den darunterliegenden Fußballplatz. Ich erinnere mich, dass ich hier bereits Fußball gespielt habe.
Dann bin ich bereit für den Besuch bei den Kindern. Das erste Kind nennt mich ganz gelassen einen „Gringo“ (Ausländer). Dann erblicke ich die Mitarbeiterinnen. Sie kommen freudig auf mich zu und umarmen mich. Ich erzähle ihnen von meiner derzeitigen Reise. Die Mitarbeiterinnen führen mich in einen Raum, wo die jüngsten Kinder der Gruppe ein Lied für mich singen. So wie damals integriere ich mich in das Projektgeschehen und spiele den ganzen Nachmittag mit den Kindern. Ich empfinde viel Glück, da die Kleinen die Aufmerksamkeit, die ich ihnen schenke, bewusst genießen. Wir toben uns gemeinsam richtig aus. Erst als sie wieder nach Hause zurückkehren, kann ich ungezwungen mit den Sozialarbeiterinnen über meine Vergangenheit sprechen. Ich überreiche ihnen ein Sterbebild von Barbara, Esther und Helmut. Lilli hat Tränen in den Augen und hört mir wie alle anderen aufmerksam zu. Sie sprechen von Gott und der Liebe, die Barbara den Kindern geschenkt hat. Dieses Wiedersehen ist für uns alle sehr bewegend und emotional. Doch es ist schön für mich, über

Barbara und Esther und Helmut sprechen zu können, zu hören, wie sehr die Mitarbeiterinnen meine verstorbene Freundin geschätzt haben.

Am Abend kehre ich erfüllt und zufrieden ins Hotel zurück. Voller Freude telefoniere ich mit Nadine und berichte ihr von den heutigen Erfahrungen. Sie hat mich während der gesamten Reise unterstützt, was ich nicht als selbstverständlich empfinde, da mein Leben momentan doch sehr komplex ist. Oft holt mich die Vergangenheit ein, denn sie wird immer ein Teil von meinem Leben bleiben. Aber glücklicherweise habe ich jetzt Nadine an meiner Seite und eine vielversprechende Zukunft vor mir. Dieser wunderbare Gedanke lässt mich auch in der heutigen Nacht zu meiner Ruhe finden.
Ich bin dankbar für das Leben, das mir geschenkt wurde, und schließe meine Augen.

Anhang von Artur Schmitt:

EIN ORT DER VERÄNDERT – PERU 2012

Jetzt stehe ich also innerhalb von 24 Stunden zum zweiten Mal an dieser Stelle. An dieser Stelle, die das Leben so vieler Menschen auf tragische Weise verändert hat. Erst gestern sind wir hier gewesen. Eigentlich wollten wir von Arequipa direkt nach Chivay in den Colca Cañón fahren. Doch durch einen seltsamen „Zufall" haben wir die richtige Abzweigung verpasst und sind unbewusst in die falsche und damit richtige Richtung gefahren. Erst als wir am Kilometer 128 ankommen und eine ganze Reihe von Kreuzen bemerken, wird uns bewusst, dass wir bereits an der Stelle sind, die das Hauptziel meiner Reise ist.

Es ist gut, dass wir bereits gestern hier waren, so konnte ich mich auf diesen Ort besser einstellen und wir konnten einige Dinge besorgen, um diesen schrecklichen Ort zumindest ein wenig zu verschönern.

Wir, das sind Mario aus Sao Paulo in Brasilien und ich, Artur Schmitt aus Neustift in Südtirol. Seit knapp einer Woche sind wir unterwegs. Ich habe Mario in Sao Paulo getroffen und gemeinsam sind wir dann nach Peru gestartet. Wir kennen uns mittlerweile seit zehn Jahren.

Damals durfte ich fast eineinhalb Jahre in seiner Pfarrei in Sao Paulo als Kaplan arbeiten. Seit dieser Zeit ist der Kontakt zwischen uns nicht abgebrochen und es hat sich eine Freundschaft entwickelt, die in sehr unregelmäßigen Abständen gepflegt wird. Mario ist zehn Jahre älter als ich, doch übertrifft er mich eindeutig an Sportlichkeit. Heute geht es ihm allerdings nicht so gut. Er hat mehr oder weniger die ganze Nacht im Badezimmer verbracht. Höhenkrankheit! So geht es einem, wenn man meint, dass die Höhe kein Problem darstellt und man auf 3600 Metern Meereshöhe die gleiche Geschwindigkeit hinlegen will wie im Tal.

Von unserem Ausgangsort Sao Paulo aus ist es mit dem Flugzeug direkt nach Lima gegangen. Dort haben wir Dario und Martin getroffen, zwei junge Männer – oder sagt man mit 22 Jahren noch Jugendliche? – aus Villanders, die in einer Pfarrei am Stadtrand von Lima einige Monate sozialen Einsatz leisten.
Die Aufregung in Villanders und vor allem in den Familien der beiden war groß gewesen, als sie gesagt hatten, dass sie für ein halbes Jahr nach Peru wollten. Ausgerechnet Peru! Das Land, in dem so viel Leid für das Eisacktaler Dorf geschehen ist! Wie viele traurige Erinnerungen sind mit diesem Land verbunden? Vor dem Hintergrund des Geschehenen ist es leicht, sich die Ängste und Sorgen der Eltern und Verwandten vorzustellen. Hätte es nicht ein anderes Land sein können? Doch die zwei haben sich durchgesetzt und sind jetzt schon drei Monate in Südamerika.
Gemeinsam haben wir die Stadt besichtigt. Für mich unfassbar, dass sie nach über drei Monaten in Lima kaum etwas von den historischen Sehenswürdigkeiten zu Gesicht bekommen haben. Also das Standardprogramm für Touristen: Kathedrale und Plaza de Armas, Kirche und Kloster San Francisco, die Plaza San Martín und die Kirche der Heiligen Rosa von Lima. Hier legten wir einen längeren Zwischenstopp ein. Zum ersten Mal auf unserer Reise dachte ich in dieser Kirche besonders an die drei bzw. vier Villanderer, Barbara, Esther, Helmut und Aaron die auch in dieser Kirche gewesen waren. Auch mir fiel nicht viel anderes ein, als eine Kerze anzuzünden und ein Gebet für sie zu sprechen. Einige religiöse Andenken habe ich noch gekauft und dann haben wir unsere Runde durch Lima fortgesetzt. Die Fahrt auf den 400 Meter höher gelegenen Cerro de San Cristobal verschaffte uns einen Ausblick über die in tristes Grau und Braun getauchte Stadt. Sowohl die Häuser als auch die meisten Freiflächen Limas waren in diesen beiden Farben gehalten. Farblose Mauern und ausgetrocknete Erde. Allein das Stadtzentrum und der am Meer gelegenen Stadtteil Miraflores, in dem auch unser

Hotel war, lockerten diesen traurigen Anblick durch etwas Grün auf. In der Ferne, schon ein wenig im Nebel, konnten wir das Wasser des Pazifiks erkennen.

Ich war sehr froh, die zwei wiederzusehen. Beide waren in meiner Zeit als Pfarrer von Villanders „meine" Ministranten gewesen und sie haben mir immer den Eindruck gegeben, dass ich für sie mehr bin, als nur irgendein Pfarrer. Die Freude des Wiedersehens schien beidseitig zu sein. Auf jeden Fall wurde es an diesen beiden Abenden sehr spät und es gab viel von Lateinamerika und auch von Südtirol zu erzählen. In einer Mischung aus Deutsch, Italienisch, Spanisch und Portugiesisch versuchten wir Mario in die Unterhaltung einzubeziehen. Dies war nicht leicht, denn es gab viel zu erzählen.
Mich interessierte besonders, wie sie nach all dem, was in Peru passiert war, auf die Idee gekommen sind, ausgerechnet Lima auszuwählen. Dario berichtete mir bei der Gelegenheit, dass er schon länger den Wunsch gehabt hatte, einige Monate bei einem sozialen Projekt in Südamerika mitzuarbeiten. Ganz unabhängig von Aaron und dem Unfall hatten sie über Darios Mutter Kontakt mit einem italienischen Geistlichen hergestellt, der in Lima arbeitet. Sie waren sich im Klaren darüber, dass die Wahl ihres Aufenthaltsortes in ihren Familien und bei ihren Freunden nicht nur Begeisterung auslösen würde. Auch für sie selbst war es nach all den Ereignissen in Peru nicht ganz einfach gewesen, diese Entscheidung zu treffen. Doch was sich junge Menschen einmal in den Kopf gesetzt haben …
Den Besuch in der Pfarrei am Stadtrand, in der sie die letzten Monate mitgearbeitet hatten, verschoben wir auf unsere Rückkehr nach Lima.

Mario und ich machten uns dann auf den Weg in den Süden des Landes. Mit dem Flugzeug waren die 1000 Kilometer bis Arequipa schnell überwunden. Nicht umsonst heißt diese Stadt auch Ciudad blanca, weiße Stadt, da die meis-

ten der Häuser dort in strahlendem Weiß getüncht sind. Arequipa liegt auf etwa 2300 Metern Meereshöhe und erschien uns ideal, um uns an die Höhe zu gewöhnen. Nach zwei Tagen und zwei Nächten hier, die von Kirchen und Klöstern und von einem Schweizer Käsefondue mit Andenkäse geprägt waren, nahmen wir unseren Mietwagen in Empfang und machten uns auf den Weg in den Colca Cañón. Von unserer „zufälligen" Irrfahrt, die uns an den Unfallort an der Hauptverbindungsstraße Richtung Titicacasee führte, habe ich bereits berichtet.
Nachdem wir endlich die richtige Abfahrt gefunden hatten, fuhren wir über den fast 4900 Meter hohen Patapampa-Pass hinunter nach Chivay. Leider machten wir den Fehler, uns nicht genug an die Höhe zu gewöhnen, sondern fuhren ohne Pause etwa eine Stunde weiter zum Cruz del Condor. Das Foto von diesem Aussichtspunkt war auf dem Sterbezettel für Barbara, Esther und Helmut abgebildet. Helmut selbst hatte dieses Foto gemacht. Wie sehr hatte Aaron von diesem Ort geschwärmt! Bei der Planung unserer Reise war mir von Anfang an klar gewesen, dass ich diesen Ort selber sehen wollte. Daran erinnerte ich mich, als wir direkt nach unserer Ankunft einen Condor, den einzigen übrigens, über dem Tal erblickten. Und tatsächlich war dieser Ort die lange Anfahrt wert gewesen. Es war genauso, wie ich es mir aufgrund des Bildes und der Erzählungen Aarons vorgestellt hatte. Die hohen Berge über uns und das tiefe Tal vor uns. Eine schmale Schlucht, die durch einen kleinen Fluss in Jahrhunderten in den Fels gegraben wurde. Majestätisch ist wohl das richtige Wort dafür. Doch im gleichen Moment war es auch traurig. Eigentlich hätte ich Aaron in diesem Moment gerne bei mir gehabt. Wir hatten schon öfters darüber gesprochen, wie es wäre, wenn wir diese Reise miteinander machen würden. Doch die Zeit dafür war einfach noch nicht reif. Vielleicht später einmal!?
Mario musste natürlich über die Felsen turnen und die Abhänge rauf und runter laufen, was an seiner späteren

Höhenkrankheit wahrscheinlich nicht ganz unschuldig sein sollte. Wir hielten uns sicherlich zwei Stunden an diesem Ort auf, bevor wir in Richtung unseres Hotels in Chivay fuhren. Unterwegs konnten wir noch direkten Kontakt mit der einheimischen Landbevölkerung schließen, da wir einige Bauern auf der Ladefläche unseres Geländewagens mitnahmen und sie von ihren Feldern in ihr Dorf brachten. Gott sei Dank besaß unser Wagen eine offene Ladefläche, denn schon so war die Strapazierung unserer Geruchsnerven durch unsere Mitfahrer groß genug.

Die Beschreibung der anschließenden Nacht im Hotel erspare ich mir lieber. Mario hatte es voll erwischt! Ich glaube, dass er kein Auge geschlossen hat, und mir erging es nach drei oder vier Stunden Schlaf nicht anders, da ich von den verschiedensten Geräuschen aus dem Badezimmer geweckt wurde.

Gleich am nächsten Morgen besorgte ich uns Voltaren und Aspirin. Für mich war es fast unglaublich, dass auch im kleinsten Dorf Perus diese Medikamente zu finden sind. Dass es leicht sein würde, Blumen und Kerzen zu finden, die wir an der Unfallstelle ablegen konnten, das hatte ich mir erwartet. Generell lieben es die Peruaner, ihre Gräber mit allerlei bunten Girlanden und Dekorationen zu schmücken. So kaufte ich auf dem Markt von Chivay drei Blumensträuße und die dazu passenden Vasen und machte mich, versehen mit einigen Kerzen, auf den Weg zurück ins Hotel. Mario war zwischenzeitlich wieder halbwegs auf den Beinen und bereit zur Abfahrt.

Jetzt stehe ich also wieder an der Unfallstelle und lasse mir die letzten Tage unserer Reise, aber auch die vergangenen Jahre durch den Kopf gehen. Fast drei Jahre sind seit jenem Unfall vergangen, der das Leben dreier junger Menschen ausgelöscht und einen vierten in mein eigenes Leben katapultiert hat. Mario kannte die Geschichte dieser vier Menschen mittlerweile sehr gut. Aarons neue Freundin Nadine war mit einer Klassenkameradin einige Monate in seiner Pfarrei in Sao Paulo und hatte in einem Kindergarten der Gemeinde mitgearbeitet. Unabhängig von Aaron und mir hatten sie sich entschlossen, einige Zeit in Brasilien zu verbringen. Nachdem sich ihr ursprünglicher Plan der Arbeit in einem Kinderheim, das in Verbindung mit der Organisation für eine solidarische Welt steht, zerschlagen hatte, konnten sie durch meine Vermittlung Kontakt zu Padre Mario herstellen und in seiner Pfarrei in Sao Paulo unterkommen.

Mir kommen vor allem die Eltern von Barbara, Esther und Helmut in den Sinn. So viele Tränen und so viel Schmerz hat dieser Ort ausgelöst. Eigentlich kaum vorstellbar! Die Straße ist über fast zwei Kilometer schnurgerade und von allen Seiten sehr übersichtlich. Aarons Erzählungen nach ist der Unfall in der Nacht und bei dichtem Verkehr geschehen. Ein riskantes Überholmanöver hat zu diesem schrecklichen Ereignis geführt. Doch wem nützt es, wenn man irgendjemandem die Schuld für diesen Unfall geben kann? Kein Mensch wird dadurch wieder lebendig und auch kein Schmerz der Angehörigen gelindert. Wir bleiben sehr lange an der Unfallstelle. Irgendwie kann und will ich mich von diesem Ort nicht trennen. Nachdem wir den ganzen Platz ein wenig gereinigt haben, stellen wir die Kerzen und die Blumen auf, die ich in Chivay besorgt habe. Es ist eine seltsame Situation: Zwei katholischen Priestern, die merken, dass an diesem Ort ein Gebet gesprochen werden sollte, fällt nichts anderes ein, als ein kurzes „Sie mögen ruhen in Frieden". Die ganze Zeit über sind wir sehr still und eigentlich sehr dankbar dafür, dass an diesem Ort mit seinen annähernd zwanzig Kreuzen erst einmal aufzuräumen war. Die Arbeit hilft uns über das Schweigen hinweg. Was sollten wir auch reden? Zu schrecklich war das Ereignis und das Gebet zu einem liebenden Gott fällt einem wohl nirgends schwerer als hier. Ich mache einige Fotos von der Unfallstelle und den vielen „Marterln", die an dieser Stelle stehen, und schicke sie gleich nach Südtirol. Nachdem ich noch einen Rosenkranz an das Kreuz für die drei Villanderer gehängt habe, ich habe ihn mit dieser Absicht in der Kirche der Heiligen Rosa von Lima gekauft, verabschieden wir uns von der Unfallstelle und machen uns daran, die Reise fortzusetzen, die Esther, Barbara, Helmut und Aaron damals geplant hatten. Noch ein letztes Foto! Die vier werden uns auf unserer weiteren Fahrt begleiten.

EINE REISE GEHT WEITER

In knapp vier Stunden Autofahrt über eine gut ausgebaute Straße erreichen wir unser nächstes Etappenziel: Puno am Titicacasee. Ich habe selten eine hässlichere Stadt gesehen. Eine unansehnliche Ansammlung von Gebäuden zieht sich den Hang entlang vom See nach oben. Ja, der See! Der See hat wirklich etwas Einmaliges, fast Mystisches. Schon der erste Blick darauf begeistert uns. Die Weite, die Klarheit der Luft, die dunkle Farbe des Wassers und nicht zuletzt die Berge, die den See umgeben. Wir freuen uns schon auf morgen, wenn wir auf den See hinausfahren werden. Doch jetzt erwartet uns erst einmal diese unansehnliche Stadt. Unser Hotel liegt im Zentrum und mit unserem überdimensionierten Geländewagen ist es gar nicht so einfach, einen Parkplatz davor zu finden. Puno ist die „Folklore-Hauptstadt" Perus. Dies bedeutet, dass einem an jeder Ecke der Stadt mehr oder weniger fähige Musikgruppen das präsentieren, was allgemein für peruanische Musik gehalten wird. Ich bin mir sicher, dass ich nach unserer Reise für lange Zeit keine Panflöte mehr hören kann. „El condor pasa" hören wir an diesem Abend gefühlte zwanzigmal. Aaron hat mich darauf schon vorbereitet.

Wir haben aber auch Glück. An diesem Abend findet vor der Kathedrale die Eröffnung der Fiesta de la Virgen de la Candelaria statt. Es ist dies ein Fest, das zur Vorbereitung auf Maria Lichtmess am 2. Februar dient und gleichzeitig eines der größten Volksfeste Südamerikas ist. Deshalb ist die Stadt auch ziemlich voll und wir kommen kaum durch die Straßen. Es ist ein bloßer Zufall, dass wir die Eröffnung mitbekommen. Wir haben gar nicht gewusst, dass diese Fiesta heute beginnt. Irgendwie kommt in diesem Moment wieder mein Kindheitsglaube durch. Also rein in die Kathedrale und dem schon gewohnten Ritus meiner vier Kerzen folgend, denke ich an „meine" Villanderer. Da es recht kalt ist und auch noch zu regnen beginnt, beschließen wir, die Fiesta eine Fiesta sein zu lassen und gehen lieber unseren Hunger stillen.

Am nächsten Morgen geht es sehr früh hinaus auf den See. Die schwimmenden Schilfinseln der Ureinwohner erscheinen mir doch sehr touristisch. Genauso wie die Isla Taquile, die zwar wunderschön ist, aber mir spätestens zum Zeitpunkt, als ich mit zwei Indianermädchen einen Hochzeitstanz aufführen muss, doch wie eine Touristenfalle vorkommt. Das Beeindruckendste ist für mich die langsame Fahrt über den riesigen See. Leider begleitet uns eine größere Gruppe Holländer, die das Schiff in Beschlag genommen haben. Da mein rheinischer Heimatdialekt mit dem Holländischen durchaus verwandt ist, verstehe ich leider jedes Wort der lauten und eher niveaulosen Unterhaltung. Das zerstört die mystische Stimmung des Sees, auf den ich mich so gefreut habe. Irgendwann beschließe ich, auf das Dach des Schiffes zu steigen, und obwohl es recht frisch ist, bleibe ich über eine Stunde alleine dort oben. Ja, hier kann ich meinen Gedanken freien Lauf lassen und denke mal wieder an die vergangenen drei Jahre. Wie oft habe ich mit Aaron über den Sinn des Lebens gesprochen! Wie oft haben wir darüber philosophiert, wie und was wohl nach dem Tod sein wird! Dieser See ist für die Inka der Ursprung ihrer Urahnen und damit der Ursprung des Lebens. Er ist, wenn ich es richtig verstanden habe, so etwas wie ihr Garten Eden. Und er hat durchaus etwas Paradiesisches an sich. Doch die Gedanken verfliegen wieder. Irgendwann fallen mir trotz des Windes die Augen zu. Obwohl ich der Meinung bin, dass mir die

Höhe nichts ausmacht, bin ich am Ende dieses Tages so müde wie selten zuvor.

Am nächsten Tag heißt es wieder früh aufstehen und mir fällt kaum etwas schwerer als das. Wir haben eine lange Autofahrt vor uns. Heute geht es nach Cusco. Es sind zwar nur knapp 400 Kilometer, die wir mit dem Auto zurücklegen müssen, aber die Straße ist nur einspurig und geht hinauf und hinunter durch die Dörfer hindurch und ist an einigen Stellen auch nur mangelhaft asphaltiert. Im Großen und Ganzen kommen wir gut voran. Die Fahrt geht durch grüne Hochtäler und vorbei an großen Lamaherden. Es ist eine schöne und auch kurzweilige Fahrt, die uns nach etwa sechs Stunden nach Cusco führt.
Kaum eine andere Stadt Südamerikas übt auf uns Europäer einen größeren Reiz aus als die alte Inka-Hauptstadt Cusco und natürlich das in der Nähe gelegene Machu Picchu. Diese Stadt war das Ziel des Unglücksbuses gewesen. Von Arequipa aus waren die vier nach Cusco unterwegs, als ihre Reise so abrupt beendet wurde.

Durch einen nicht enden wollenden Ring von Vororten quälen wir uns in Richtung Zentrum. Irgendwann sind wir dann in der Nähe der Kathedrale und stellen fest, dass unser Jeep für einen solch historischen Ort hoffnungslos überdimensioniert ist. Nach vielen Ehrenrunden und einer steilen Rückwärtsfahrt stehen wir endlich vor unserem Hotel. Ein Navigationssystem hätte die Fahrt durch die Innenstadt sicherlich verkürzt, aber das Gespräch mit einem einheimischen Taxifahrer tut schlussendlich den gleichen Dienst. Wir nehmen uns nur die Zeit zum Frischmachen und brechen gleich in die Stadt auf. Zu groß ist unsere Neugierde. Eine genauere Erkundung der Sehenswürdigkeiten sparen wir uns für den folgenden Tag auf und lassen die Stadt mit ihrer Mischung aus Inka-Mauern, kolonialen Gebäuden und einer ganzen Menge an Restaurants und Lokalen einfach auf uns wirken.

Der kommende Tag führt uns am Morgen wieder auf den zentralen Platz vor der Kathedrale und der Jesuitenkirche. Gemeinsam mit einer Handvoll Einheimischer feiern wir die Eucharistie mit, bevor wir uns an die touristische Entdeckung Cuscos machen. In irgendeinem Reiseführer habe ich gelesen, dass man in den Kirchen selbst Führungen angeboten bekommt. So gehen wir also in die Jesuitenkirche hinein und treffen dort auf Juan, einen Studenten der Kunstgeschichte, der sich sein Studium als Reiseleiter verdient. Da wir ihn ausgesprochen sympathisch finden, bitten wir ihn, uns doch die gesamte Stadt zu zeigen. Es geht durch die ganze Stadt, immer wieder rauf und runter: Jesuitenkirche, Kathedrale, die Kirche San Blas, das Dominikanerkloster mit dem Sonnenheiligtum der Inka Coricancha und der ehemalige Inka-Palast Inca Roca mit seinen faszinierenden Grundmauern. Irgendwann habe ich genug Kirchen und Steine gesehen. Es ist bereits später Nachmittag und Gott sei Dank haben viele Restaurants in Cusco durchgehende Öffnungszeiten. Da ich nun einmal die kulinarische Reiseleitung in diesen Tagen überhabe, entscheiden wir uns für ein Restaurant des wohl berühmtesten peruanischen Kochs Gastón Acurio. Die peruanische Küche scheint zurzeit international sehr gefragt zu sein. Und tatsächlich sind wir auf dieser Reise vom Essen bisher nie enttäuscht worden. Na ja, das Experiment mit den gegrillten Meerschweinchen in Arequipa hätten wir uns sparen können! Doch ansonsten genießen wir in Peru eine für Südamerika ungewohnte Vielfalt guter lokaler Gerichte und auch Restaurants. An diesem Abend wird es nicht zu spät, da wir am nächsten Tag nach Machu Picchu möchten.

Von einer erholsamen Urlaubsreise haben diese Tage aber auch wirklich rein gar nichts. Nach der emotionalen Belastung durch den Besuch des Unfallortes macht sich jetzt langsam auch ein akuter Schlafmangel bei mir bemerkbar. Es ist gerade einmal 4.30 Uhr, als der Wecker klingelt. Warum ist Reisen nur so anstrengend? Doch die Erwar-

tungen auf das rätselhafte Machu Picchu vertreiben meine Müdigkeit. Dieser Ort hätte der Höhepunkt der Reise von Barbara, Esther, Helmut und Aaron werden sollen. Ich habe schon einiges davon gehört – allerdings sehr Gegensätzliches. Für die einen ist dieser Ort einfach nur touristisch ausgebeutet und total überlaufen. Für andere hingegen ist der Besuch dieser Inka-Stadt tatsächlich ein Höhepunkt. Wir machen uns mit einem Taxi auf den Weg zum Bahnhof. Zunächst geht es bei strömendem Regen ungefähr eineinhalb Stunden mit dem Bus ins Urubamba-Tal. Von dort nochmals eineinhalb Stunden mit dem Zug bis Aguas Calientes und schließlich etwa zwanzig Minuten mit dem Bus hinauf nach Machu Picchu.

Der Regen hat zwischenzeitlich nachgelassen. Es ist eine abenteuerliche Fahrt über schlammnasse Wege, die an gefährlich scheinenden Abhängen vorbeiführen. Von den Ruinen noch keine Spur. Irgendwann stehen wir am Eingang zur Ausgrabungsstätte. Unser Führer sagt, dass heute wenig Betrieb sei. Nur etwa 800 Touristen, die mehr oder weniger gleichzeitig auf das Gelände wollen. Sonst sind es schon einmal über 2000, die dort auf Einlass warten. Unsere Führung ist auf Spanisch und durch die moderne Funktechnik auch sehr angenehm, da wir von den anderen Gruppen wenig mitbekommen. Die Führung ist interessant und doch hätten wir sie uns sparen können, da es nur sehr wenige gesicherte Erkenntnisse über Machu Picchu gibt. Die verschiedensten Theorien über die Entstehung und vor allem den Zweck dieser Bergsiedlung werden uns vorgestellt. Doch das eigentlich Faszinierende ist der Ort selbst. Auf einem Bergrücken gelegen und von steilen Abhängen begrenzt, gibt er bei gutem Wetter den Blick auf die umliegende Bergwelt frei. Er scheint zwischen Himmel und Erde zu schweben und bekommt dadurch tatsächlich einen mystischen Beigeschmack. Nicht umsonst tauchen immer wieder Theorien über die spirituelle Bedeutung dieses Ortes auf. Wir lassen unser gebuchtes und bereits

bezahltes Mittagessen sausen, damit wir noch etwas mehr Zeit an diesem Ort verbringen können. Gemeinsam mit Mario ist die Besichtigung eines solchen Ortes das reinste Fitnesstraining. Es geht wieder einmal rauf und runter und kreuz und quer über die ganze Fläche.
Den schönsten Blick haben wir vom so genannten Wärterhaus aus, das den höchsten Punkt der Anlage bildet. Wir bereuen es nicht, hierhergekommen zu sein. Als ich den Blick über die ganze Anlage schweifen lasse, denke ich für mich, dass dieser Ort tatsächlich der Höhepunkt einer jeden Peru-Reise ist. Die vier hatten sich so auf diesen Berg und die Ruinenstadt gefreut!
In diesem Moment mache ich mir selber ein Versprechen: Ich werde nochmals nach Peru und sicher auch nach Machu Picchu reisen, und dann wird Aaron mit dabei sein. Wir werden die damals begonnene Reise beenden, und zwar gemeinsam. Diesen Ort muss er einfach sehen. Leider ist unsere Zeit irgendwann abgelaufen und wir müssen uns auf den Rückweg machen. Es geht die gleiche Strecke und mit den gleichen Verkehrsmitteln wieder zurück nach Cusco. Nach einem solchen Tag mit so vielen Eindrücken braucht es am Abend ein Kontrastprogramm. Dieses besteht für uns aus einem Teller Spaghetti in einem italienischen Restaurant mit einer peruanischen Kellnerin, die fließend Italienisch spricht, und dem Besuch einer herrlich lauten Bar, in der wir den Altersdurchschnitt um mindestens 20 Jahre senken.

Der nächste Tag führt uns per Flugzeug wieder nach Lima. Dario und Martin warten bereits auf uns. Ich lade sie ein, im gleichen Hotel zu übernachten wie wir. Für diesen Tag ist nichts Besonderes geplant. Der Besuch der Pfarrei, in der die beiden arbeiten, steht erst am nächsten Tag auf dem Programm. Also einfach nur relaxen und miteinander quatschen. Mario und ich erzählen von der vergangenen Woche, die uns auf dem „Gringo-Trail“ durch Peru geführt hat. Wir erzählen vom Colca Cañón und dem Cruz del Condor, welches besonders mich so beeindruckt hat. Wir berichten von unserem zweimaligen Besuch an der Unfallstelle und wie man am leichtesten dorthin gelangt. Schließlich raten wir ihnen noch dazu, in jedem Fall nach Machu Picchu zu reisen, auch wenn dies zum touristischen Standardprogramm eines jeden Peru-Reisenden gehört. Die zwei Jungs möchten die Reise, die wir unternommen haben, auf etwa der gleichen Route auch noch machen. Mein brasilianischer Mitbruder verabschiedet sich bald nach dem Abendessen und wir anderen müssen natürlich noch das Unterhaltungsangebot einer südamerikanischen Großstadt ausnutzen.

Am nächsten Morgen bereue ich die Entscheidung, nicht mit Mario ins Hotel gegangen zu sein. Jetzt kommen die Strapazen der Reise und die durchfeierte Nacht zur Geltung. Wir verschieben die Fahrt an den Stadtrand Limas um eine Stunde, damit ich wenigstens halbwegs fit werde. Nach reichlich Koka-Tee brechen wir mit einem Taxi auf, da die Fahrt mit dem Bus ca. zwei Stunden in Anspruch nehmen würde und wir auf diese Weise in 45 Minuten am Ziel sind.
Huaycan ist eine Vorstadt von Lima und bietet einen noch trostloseren Anblick als der Rest der Gegend. Hier wohnen die Armen. Irgendwie erinnert mich das Ganze an den Stadtrand von Sao Paulo, in dem ich selbst einige Zeit gelebt und gearbeitet habe, gemischt mit der Trockenheit und dem Staub einer Wüste. Genauso wird es auch in Quito, in Ecuador, aussehen, dort wo Barbara und Aaron miteinander die letzten und wohl auch die schönsten Monate ihres Lebens verbracht haben. Armut hat in den Ländern Südamerikas einfach ein hässliches Gesicht. Sicherlich kann man sich teilweise an den Anblick gewöhnen, aber mir läuft doch noch jedes Mal ein Schauer den Rücken hinunter, wenn ich solche Siedlungen sehe. Den zwei Villanderern ist es sicherlich nicht leicht gefallen, hier zu wohnen. Doch wie mir Aaron erzählt hat, haben sie auf

ihre Weise sehr schnell Anschluss bei den Einheimischen gefunden. Wir besuchen einige Häuser, bei deren Bau sie der Pfarrei geholfen haben. Teilweise sind dies Häuser, die mittellosen Familien zur Verfügung gestellt werden, teilweise auch Gebäude, die von der Pfarrei selber genutzt werden. Im Pfarrhaus treffen wir auf eine Gemeinschaft von Priestern aus verschiedenen Nationen, die sich um diese für europäische Verhältnisse riesige Pfarrei kümmern. Für Mario und mich ist dies alles nichts Neues. Doch interessiert es mich zu sehen, wo sich die beiden Villanderer monatelang aufgehalten haben.
Für uns wird es bald Zeit zum Aufbruch, da wir von hier aus direkt zum Flughafen fahren wollen. Wir verabschieden uns voneinander, denn Dario und Martin bleiben gleich in ihrer Unterkunft, und vereinbaren ein Treffen in Südtirol.

Im Flugzeug nach Sao Paulo lasse ich die vergangenen Tage nochmals Revue passieren. In den fünf Stunden, die unser Flug dauert, befinde ich mich die meiste Zeit in einem Zustand, der irgendwo zwischen Wachen und Schlafen liegt. Total erschöpft, so dass mir die Augen fast im Stehen zufallen, und gleichzeitig so aufgedreht, dass ich nicht schlafen kann. Wie gerne wäre Aaron in diesen Tagen wohl bei uns gewesen und hätte diese Reise mit uns unternommen? Als ich ihm das erste Mal von meinem Entschluss, diese Reise zu unternehmen, erzählt habe, ist er gar nicht begeistert gewesen. Ich habe gemerkt, dass dies für ihn „seine" Reise und „sein" Land sind. Doch später war er damit einverstanden, dass ich diese Fahrt ohne ihn unternehme. Wenn ich jetzt zurückdenke, muss ich sagen, dass es gut war, ohne ihn zu reisen. Wäre es nicht für alle Beteiligten, besonders für Aaron, einfach zu viel geworden!? Ich jedenfalls werde sehr lange brauchen, um diese Reise zu verarbeiten! Aber ich wiederhole leise für mich das Versprechen, das ich mir in Machu Picchu gegeben habe: Wenn ich das nächste Mal in einem Flieger nach Peru sitze, dann sitzt Aaron auf jeden Fall neben mir. //

Aaron Rabensteiner, geboren am 22.11.1986, wohnt in Villanders und studiert Geographie an der Universität Innsbruck. Zur Vertiefung einiger thematischen Inhalte des Studiums sowie zur persönlichen Erfahrungserweiterung verbrachte Aaron einige Monate in Südamerika. Zur Finanzierung seines Studiums und der Reise arbeitete er unter anderem als Bademeister, Bau- und Fabrikarbeiter oder Animateur. Dieses Buch stellt seine erste Veröffentlichung dar.

Artur Schmitt, geboren am 11.10.1970 in Remagen (D), lebt seit 1991 im Augustiner-Chorherrenstift Neustift. In den Jahren 2002/2003 arbeitete er zwei Jahre als Priester in Brasilien, die meiste Zeit in Sao Paolo. Von 2003 bis 2007 war er Seelsorger in Villanders. Heute ist er Pfarrer in Natz und gleichzeitig Mitarbeiter des Bildungshauses Kloster Neustift.

Christine Losso erzählt in diesem Buch vom Wahnsinn, den Markus erleben und durchleben musste, authentisch und offen, bis es ihm gelungen ist, ein zufriedener und in vielen Momenten glücklicher Mensch zu werden.

Markus Telser wurde 1966 in Schluderns im Vinschgau/Südtirol geboren. Bald nach seiner Geburt stellte sich heraus, dass er mit der Erbkrankheit Hämophilie A belastet ist, im Volksmund Bluterkrankheit.
Im jungen Erwachsenenalter wurde er, in Folge seiner Krankheit, durch infiziertes Blutplasma mit HIV angesteckt. Doch damit nicht genug: Wenig später erblindete der junge Mann innerhalb von nur 14 Tagen vollständig.
Das Leben, das ihn nun erwartete, war hart, gekennzeichnet von Verzweiflung, Angst, Wut, verbunden mit dem Verlust der Selbstständigkeit, Endstation Hilflosigkeit und Abhängigkeit. In Markus aber keimte immer die Hoffnung auf, und er machte sich auf den Weg, auf seinen Weg.